亦麒麟高端产业人才系列丛书

E-TOWN TALENTS HIGH-END INDUSTRY TALENT SERIES

因你而亦 ②

杜芳 佘惠敏 林火灿\著

BEIJING YIZHUANG IS DIFFERENT BECAUSE OF YOU

E-TOWN TALENTS

经济日报出版社

序

麒麟人才，绽放精彩

我为北京经济技术开发区高端产业领军人才班上过课，开发区的产业领军企业家们给我留下了深刻的印象。今次收到开发区发来的“亦麒麟高端产业人才”系列丛书《因你而亦》书稿，开卷有感，跃然笔端，欣然为之作序。

自1984年成立首批开发区以来，开发区已成为推动我国工业化、城镇化快速发展和对外开放的重要平台。北京经济技术开发区在全国开发区当中，无疑具有标杆意义，尤其形成了一批有特色的产业集群，这些产业集群背后集聚着各式各样的产业领军人才和创新创业人才，他们是推动产业浪潮的弄潮儿，是时代的主角。

产业发展关系到国民经济发展的活力，关系到我国世界级城市群的建设，关系到我国的现代化进程发展。创新是引领发展的第一动力。坚持创新驱动，打造富有活力的增长模式，是经济新常态时期发展的必然选择。坚持协同联动，打造开放共赢的合作模式，建设全球影响力的科技创新高地，最大程度激发创新主体、产业领军人才与创新创业人才的动力、活力和能力，建设全球创新网络的重要枢纽，以及国际性重大科学发展、原创技术发明和高新科技产业培育的重要策源地，是我们发展的重要路径，这方面开发区要扮演着排头兵的作用。与国际高科技产业巨头相比，我们在开放共赢与开放式创新领域的实践才刚刚开始，还有很大的差距，需要加强。事实上，大公司的开放式创新不仅是当前我国科技创新生态环境的最大短板，更是“大众创业、万众创新”在资本以及创新层面实现闭环的最关键因素。在这方面，李克强总理已经做过多次阐述。

北京经济技术开发区已形成若干产业集群基础，拥有一批产业领军人才与创新创业人才，在推动互联互通的产业联盟与人才发展方面发挥着重要的作用；在全国开发区改革与创新发展，产业转型升级之际，我相信北京经济技术开发区会继续发挥标杆作用。

“亦麒麟高端产业人才”系列丛书出版得很及时，在让亦庄人才青史留名的同时，实现亦庄人才包括亦庄制造、亦庄创造、亦庄精神、亦庄文化和亦庄品牌的长久记载和保存，为后世留下一份精美的文字记录和宝贵的精神财富。“亦麒麟”领军人物，讲述他们的故事，展示他们的风采，传播他们的经验，展现他们的智慧，呈现他们的成功之道，体现了亦庄产业蓬勃发展背后的人才密码。

我看了书中列举的开发区中的产业领军人才和创新人才的动人事迹和故事，被他们拼搏的精神所感动和折服。在“大众创业、万众创新”的年代，我们需要更多的创业者、企业家，更需要企业家精神。这些被采访的人都是成功的企业家，当然有些企业家也有一些挫折。从这些企业家身上我们会得到很多的启示，从他们的管理理念和成功的经验中，我们会悟出企业家成功的真谛。

从世界范围来看，企业现代化、国际化是一个潮流。新兴的产业、新兴的行业代表世界发展的潮流，这是这些企业成功的重要因素之一。除此之外，企业家在这里起着非常重要的作用。支撑企业家走向成功的根本真谛，是企业家精神。什么是企业家精神?

第一，这些企业家具有很高的素质。我不认为所有的人都能成为企业家，企业家的某些素质可能是天生的，但更重要的是这些素质和很多优势是在后天实践中锻炼出来的。这些成功企业家一个共同的特点是，他们高瞻远瞩，适应潮流，善于抓住机会，能够制订正确的企业发展战略。如果一个企业家不知道世界发展的潮流，不知道企业、行业发展的潮流，这个企业家是不可能获得成功的。

第二，这些企业家都懂得市场。他们善于思考市场的变化，从市场的瞬息万变中善于抓住投资机会，善于捕捉市场变化规律，使自己的产品实现“惊险的跳跃”，立于不败之地。

第三，作为企业家必须有冒险精神，必须敢想敢干。因为企业本身是有风险的，尤其是新兴的行业，风险很大。不仅是技术风险，而且市场竞争也非常激烈。企业家面对机会时，敢不敢去冒险，是企业和企业家成功的关键因素之一。世界上成功的企业家往往和具有冒险精神与果断决策能力相联系的。这些企业家具有坚持、冒险、创新精神，他们百折不回，诚信天下。就像书中有的企业家说的，“人生总是很坎坷的，很少有人能够预料自己将会遇到的事情。但唯有一点是非常重要的，那就是，人的一生对事业的追求应该是无止境的，有挑战才有动力，否则就是简单的重复，有什么意思呢？有什么可满足的呢”？还有的企业家说，“为什么要创业？这的确是个问题。因为创业不只意味着成功，更有可能意味着失败。其中有很多体验，根本就不在人们感官的舒适区里。但今天的中国，依然有许多拥有安稳生活的人，舍弃了这个或者那个，去创业，做想做的事情，然后在大潮大浪中摸爬滚打。”

第四，能否形成一个非常好的企业文化，对企业的发展也是至关重要的。企业家本身的道德、思想、思维、管理理念甚至所遵循的道德规范，对企业的影响非常大，是形成企业文化重要的因素。企业家要德高怀远，诚信天下，企业才能长治久安，稳定发展。要形成一个好的团队。有的企业家说得好，一个企业能否做好，归根结底，还要看团队的执行力。“团队就是壁垒”，也就是“找到一群愿意在某个方向上一起走到目标的人”。很多企业做不起来，是因为团队没有包容力。遇到困难，有人会逃走；遇到成绩，又会互相争夺，不想再招人来摘果子。领头羊不想冒险，不想冲锋陷阵的话，企业基本就是原地踏步了。

总之，在现代经济发展变化非常快的情况下，企业家的素质对企业的成功发展是非常重要的。那么，企业家有没有成功的秘诀呢？可以说有秘诀也没有秘诀，就看我们如何培养企业家的素质。这本书对中国企业家的成长也是有很大的启示的。

中国需要改革，尤其是需要进行企业改革，要给企业家创造一些环境和条件，只有这样，才能出现真正的企业家，才能出现成功的企业家。从目前来看，中国很多企业家出现在民营企业，高新技术企业，就是因为这些企业市场化程度高，机制比较灵活。现在我国有一些优秀的企业家，如马云、任正非、张瑞敏、柳传志等，但是像这样的优秀的企业家还是不够多。中国需要千千万万适应市场经济和现代化需求的优秀企业家，这样，中国经济和企业才能兴旺发达。

我认为，高新技术开发区与企业和企业家结合是一个好办法。北京经济技术开发区作为企业发展和企业家成长的孵化器，为吸引更多批企业进入，给政策，给条件，让企业和产业有更大发展空间，让企业家有施展才能的机会，也让他们在创业实践中，在园区培养中得到提高。“天高任鸟飞，海阔凭鱼跃”。

本书契合中国“大众创业、万众创新”的环境，讲述企业家、创业者创业路上发生的故事，介绍创业者不畏艰难，勇往直前的经验，会满足更多读者的需求。我相信该书会成为中国开发区企业孵化、人才培养、创业训练、产业经营、员工进阶实用的枕边书。

北京大学光华管理学院教授

曹凤岐

2017 年 2 月 9 日

前言

“因你而亦”——亦庄因你而不同

墨子说：“尚贤者，政之本也。”古中国如此，现中国如此，北京和北京亦庄更是如此。亦庄贤者云集，亦庄将这些贤者称之为“亦麒麟”人才，是因为这里的人才土壤特别，亦庄也因此而不同。为了让这个不同固化成文化，于是，这套《因你而亦》的系列丛书问世了。

成功的人和鲜活的事一旦跃然纸上，也就成了可以千古流传的文化，文化不仅可以激励人、鼓舞人，还可以鞭策那些创造奇迹的人才创造出更大、更令人激动的奇迹，这就是文化的魅力，也是亦庄的魅力。

回想起来，很感慨。短短25个年头，在北京东南一隅已然聚集起25.8万名的人才队伍，光高端人才就有9000人，其中留学海归人员3300人、院士20人、“亦麒麟”人才530名（包括63名中央“千人计划”入选者和117名北京市“海聚工程”入选者）。

也正是因为有了这些最了不起的人才，这些管理者和经营者，合力打造出了四大主导产业群——生物医药、电子信息、装备制造、汽车制造，也助力了亦庄制造向亦庄创造的转变，支撑了亦庄技术创新主阵地的建设。

北京亦庄始终重视创新，始终重视并爱惜人才，“亦者，大也”，体现北京亦庄以博大的胸怀和海纳百川的姿态召唤各类人才到亦庄创新创业。所以亦庄开发区才聚集了北京市三分之一的“千人计划”

人才和七分之一的“海聚工程人才”。正走在建设高端产业领军人才发展示范区（市级人才特区）的路上。

在这条路上，我们可以看到以京东方为龙头的新型显示产业集群、以中芯国际为龙头的集成电路产业集群、以北京奔驰为龙头的高端汽车产业集群、以拜耳为代表的生物制药产业集群、以SMC、ABB为代表的装备制造产业集群和以GE为龙头的医疗设备产业集群。

在每一个产业集群的背后，都有一个优秀的人才群；在每一个人才群的背后，都有为人才尽心服务的一帮人。始终秉持着真诚、热情、积极的态度充分尊重、诚挚对待每一位优秀人才，在生活上关怀，在事业上支持，栽下梧桐树，引得凤凰来，唱响了“亦麒麟”品牌，这就是亦庄。

在国家京津冀协同发展的战略大局下，北京亦庄具有独特的区位优势，是京津冀城市群的重要节点，若要在亦庄这片热土上创造更大的奇迹、铸就新的辉煌，必须再聚八方人才，牢记“环境好，则人才聚；人才兴，则事业旺”。

《因你而亦》就是亦庄因你而不同，每一个在亦庄打拼的人才都是功臣，每一个要来亦庄的人才都是未来的功臣。这套丛书不仅会记录一批批建设亦庄的高端人才，而且会记录一代代延展亦庄内涵、改变亦庄面貌的各界精英，才会把亦庄的独特文化传承下去。

人才总是把梦想变成现实！

2017年2月15日

目 录

作为经历过上山下乡、经历过改革开放后的第一批大学生和苦读奋进留学生涯的人，王阳一直认为自己是个幸运儿，并且幸运的由来和祖国的培育、改革和飞速发展密切相关，回报祖国是理所应当。回国后，他的目标很简单，希望能为国内生物创新药做贡献，至少做出一个能治病救人的、在全球销售的、中国公司生产的生物创新药，不管是蛋白、抗体还是疫苗。

病人对科研人员哀求的目光，让胡邵京深深体会到了人对生命的渴望，他经常跟身边的研究人员感慨：得到病人的认可，让病人的生命尽可能延长，使他们获益，是对科研人员最至高无上的褒奖。

作为一名创业者，张兴民志向远大。他想创办的是一个真正的创新药制药企业，为老百姓提供廉价又高效的创新药物。创新药物是具有自主知识产权专利的药物。创新药从项目设立到被药监部门批准上市是一个漫长、高风险、高投入的过程，在国外，一般需要8~10年研发周期和约10亿美元的研发经费。

回国创业，让他发现更新了自我。在国外，他只做技术；在国内，除了做技术，还要做公司高管，还要和投资人谈融资，这不仅锻炼了他的管理能力，而且让他成为一个企业家，企业家就是这样炼成的。

时光荏苒，一晃就在异国他乡漂泊了20年。虽然工作顺利、家庭和睦、子女双全，刘国旭却始终心有缺憾。“那时我在美国知名企业做到中高层，年薪不菲，经济宽裕，孩子能进私立中学；但自己内心还是中国人，在那边再舒服还是客人。”

广泛的知识面、强大的自学能力，让马宁宁在日后爆发了强大的创新力。与此同时，他对中西方不同的教育有了思考：国内的教育相对封闭，所有的考试都有正确答案，但是现实社会是开放的，所有要学的东西不再是课本上呈现过的东西，所有的问题都不知道答案，开放的世界有着开放的问题，需要总体解决问题的能力。

这样的日子不是一天两天，而是整整8年。在资金上，常常今天的开支应付走了，明天的工资又不知道从哪里来。资金以外，土地、设备和人力资源，都是非常有挑战性的事情，创业的道路充满艰难险阻，白先宏每天还要面对从人人称羡到人人拒绝的角色转换。

每个个体都有他的价值追求，很多女性是通过培养孩子去实现个人价值，但是吴小兵觉得女性要通过自己去实现个人价值，在一生中应该自己亲自体验这种追求价值的过程。她喜欢研究病毒载体，这一生就是想追求智慧的极限，即使达不到这

"人这一辈子，不去尝试，永远不知道你的潜力有多大！"回忆往事，孙乐感慨颇多："如果当年稳稳当当在城里找份工作，我现在很可能已经下岗。"

虽然最初建立公司的时候，杨启成就做好了 3 年不开张 5 年不盈利的打算，但是真实的情况比他预计的还要困难，整整 8 年的时间，公司投了 300 多万美元建立国际质量体系，一直没有达到既定的盈利目标。

在外留学时，陈重建感到法国是发达的福利国家，整个社会的节奏都比较慢、比较悠闲，如果留在国外，会有很安逸和优越的生活，但是一辈子就看到了头，这不是他想过的生活，陈重建想趁年轻去闯一闯，想抓住青春的尾巴，回来澎湃几年。

作为一家初创企业，要在这个领域存活却并不容易。首先是融资的难度。用段润润的话说，"我们才刚开始融资，而其他做同期创业的互联网企业都成功融资几轮了"。资金的困难

王阳：
阳光产业里的阳光人生

企业家小传

王阳，1959年出生，中国科学技术大学学士，美国俄勒冈大学博士，美国普林斯顿大学博士后，美国麻省理工学院高级科学家。曾任美国默克公司生物制品质控和制剂部门负责人，参与领导十几个临床和上市生物药品种的开发，2006年获美国化学协会颁发的工业生物技术奖，2007年获Prix-Galen奖（HPV疫苗团队），2008年获默克制药最有价值员工保留奖。发表过68篇同行评审学术论文，拥有6项专利。国家“千人计划”创新人才，国家特聘专家，北京市“海聚工程”人才，北京经济技术开发区高层次领军人才，神州细胞工程有限公司/北京义翘神州生物技术有限公司副总裁，中国医学科学院协和细胞工程中心副主任。

2016年，王阳在办公室接受采访。（佘惠敏摄）

王阳人如其名，是一个气质阳光、高大健壮的人——已经57岁的他，还拥有能连续打两个小时羽毛球或连续游3000米的体力。

他在21世纪的阳光产业——生物制药领域工作多年，是这个领域中药品质控的杰出人才，曾因出色领导年销售额超过30亿美元的HPV疫苗（即宫颈癌疫苗）的全面质量分析和控制研究工作，获得美国化学协会颁发的工业生物技术奖。

过去：屠龙绝技，一通百通

2009年上映的《高考1977》是让王阳最有感触的电影之一。那是父亲推荐他看的片子，他从中看到了自己的过去。

王阳是吉林长春人，1959年出生于一个军人家庭，小时候在铁岭附近的部队家属院长大。解放军外国语学院毕业后服役20年的父母于1972年复员回长春做了日语翻译，王阳跟随他们回到长春。

1977年是王阳的人生转折点，他赶上了知识青年上山下乡的末班车，又赶上了恢复高考的首班车。

那一年的7月盛夏，王阳下乡了，他分到的第一个任务是“看青”，即守护未成熟的庄稼，接下去的任务是“看场院”。当时他的生活就跟《高考1977》里的知青差不多：“在当知青的年代，农村一到晚上家家黑灯，我就在转悠场院之间趴在被窝里打开手电筒看书。”每晚开手电学习的他，耗掉了整整一大包电池。

与后来的惯例不同，1977 年的高考不是在夏天，而是在冬天举行的。这让王阳对当年的寒冷记忆深刻。他坐了三个小时的牛车，才从生产大队赶到公社考场。东北的冬天特别冷，公社考场每个教室都生着炉子，由于考场老师“技术”不过硬，屋里烟雾弥漫很呛，王阳与很多考生都一边流泪一边写完了考卷。

1977 年冬天的高考，全国有 570 多万人参加，只录取了不到 30 万人，王阳算是其中的佼佼者——他的化学考分全县最高，被中国科学技术大学化学物理专业录取。

1978 年春天，王阳开始了大学生涯，4 年后以“三好学生”的身份和优秀的成绩毕业，顺利考入中科院长春应用化学研究所的研究生，又过了 2 年，他被公派出国，于 1984 年 4 月进入美国俄勒冈大学，并于 1987 年获得生物物理化学专业博士学位。

在读博期间，王阳用拉曼振动光谱做蛋白质和 DNA 的结构分析工作，从此与蛋白质分析结下不解之缘，并发表了十几篇科学论文。他后来的生物制药质控工作，都建立在蛋白质结构分析的基础上，都是用生物物理方法进行蛋白质结构分析。

博士毕业后，王阳先在普林斯顿大学化学系做了 3 年的博士后研究员，接着在佛罗里达州立大学工作 2 年，任分子生物物理研究所激光光谱实验室负责人，随后又在 MIT（美国麻省理工学院）的乔治 R. 哈里森光谱实验室工作 4 年，任高级科学家。

这几年的科研实践，让王阳学会并探索用各种新技术（如紫外共振、显微、拉曼光谱技术、新型激光等）来探测蛋白质分子的结构，发表了数十篇科学论文，他在 MIT 工作期间曾发表过的一篇论文，迄今已被引用近 3000 次。

掌握了“屠龙绝技”的王阳，自 1996 年开始从纯科研转向生物制药。他在MIT附近的PROCEPT公司担任了2年高级研究科学家，负责开发治疗艾滋病候选药物的测试筛选技术，并主要通过研究蛋白质相互作用的方式建立候选药物的高通量测试技术。这是一家生物医药类的初创小公司，虽然后来创业失败了，但这段经历是王阳从科研界转入产业界的伊始。

2006年，王阳（左）和夫人参加默克宫颈癌疫苗上市活动。

之后，王阳进入国际著名药业巨头——美国默克公司工作（滨州西点）。

20世纪90年代初，由于新技术的出现，疫苗类药品的生产工艺和审批开始了革命化的改变，复杂的疫苗药从工艺决定产品的时代，走向质量决定产品的时代。默克公司在这个转折点上，雇用了一批能做结构分析、质量分析的科研工作者。1997年进入默克公司的王阳就是其中之一。

默克公司当时正在做三大重要疫苗项目——预防治宫颈癌的HPV疫苗、预防艾滋病的HIV疫苗和预防致婴儿胃肠炎的轮状病毒疫苗。王阳入职后，很快进入到HPV疫苗项目的核心领导团队中。

HPV疫苗项目是1992年立项，王阳入职时该疫苗正处于I期临床试验阶段，他从这一阶段开始，一直做到2006年疫苗在美国上市。作为该团队的核心成员，他负责了该项目质量控制环节的各项决策、设计和实施工作。他负责建立的四价 HPV 疫苗工艺控制、质量标准和稳定性确认检测技术的全面性、优先性和创新性，为新 HPV 和改善后 RECOMBIVAX（重组乙型肝炎疫苗）疫苗产品的上市做出了重要贡献。

随后，他领导四价 HPV 疫苗的质控和分析技术向默克生产线的转让工作，并负责四价 HPV 疫苗在多个国家（包括美国和欧盟）申报工作中的质量控制和表征分析部分。该疫苗上市申报用的是一个中试车间生产的产品，上市后需扩大多倍进行生产。王阳负责建立基于质量控制和表征分析的可比性研究的新策略设计和实施，用其"海量"的数据支持了两个工艺产品具有高度可比性的结论，新工艺获 FDA 批准，不用再做任何额外的临床对比性研究。这个产品可比性示范项目的设计，被认为是默克重组蛋白疫苗质控工作的典范。

这个项目完成后，王阳升任默克公司生物工艺和质控研究部门副总监，是多个抗体项目团队核心成员和一个全新抗体项目团队的负责人，领导着近 60 人的研发团队，全面负责公司产品质量分析方法的研发和质量控制标准的建立，临床研究产品的鉴定、药品临床申请和全球上市注册申报等，积累了直接领导高层次新药研究和开发团队的丰富管理经验。

现在：回国 6 年，从未后悔

王阳在美国的生活很顺利也很惬意。

他在部门和项目团队里接触不少美国人，跟他们沟通很容易。王阳认为，尊重别人，文化沟通很重要。王阳的个性很"海派"，性情开朗，善于沟通，这或许是他能领导一群老外做出精彩成绩的重要原因。他在美国多年，曾参加一个 20 多人的每周必聚的业余网球团队，里头只有他一个华裔，后来归国时球友们舍不得他，专门为他开了一个欢送派对。

王阳的夫人是他青梅竹马的初中同学，他们在美国养育了两个儿子。2009年，小儿子也考上大学，这让王阳后顾无忧，可以考虑回国创业了。

他也确实收到了这样的邀请。

邀请来自他曾经的默克公司同事谢良志。

研发创新药，是每一个中国制药人的愿望。然而，这个行业要坐得住冷板凳，因为投资一般要10年至15年才能见成效。

从麻省理工毕业后在默克公司供职的谢良志成了“第一个吃螃蟹”的先驱者。2002年，他回国创业建立了神州细胞工程有限公司，2007年在亦庄的北京经济技术开发区内创办了北京义翘神州生物技术有限公司。

在创业中，谢良志发现，新药研发最缺的是工艺放大和质量控制人才，由于国内外水平有很大位差，而要想使自主品牌打进国内和国外市场又不能完全依靠洋专家。公司需要的人才应具备两个特点：一是有留学背景和真正做过生物药的中国人，二是信任成本低。

“一个人回来，能够提高整个行业的水平。”谢良志力邀王阳加盟，为公司增添蛋白结构分析和质量把关

2011年，王阳（右）出差日本东京。

的重大优势。

王阳跟谢良志定下来要回国时，是 2009 年秋天，当时默克公司刚刚完成了对先灵葆雅公司的收购，跃身成为全球第二大制药公司，并展开大规模重组，借此机遇王阳表示回国创业的打算，之后他以默克抗体质控西点部门负责人的身份积极参与公司的重组工作，提供了大量建议。新公司的人认为王阳会提供公正的意见，都跑来问他，哪个人适合进哪个组做哪类工作等。

按默克规定处理完美国的各项事务后，他成了一名归心似箭的异乡游子——2010 年 10 月 25 日，默克公司正式同意与他解除劳动关系，王阳就买了次日的机票飞回北京，11 月 1 日就安顿下来，到神州细胞 / 义翘神州公司上班了！

人才到哪里都是受欢迎的，王阳入选了亦庄开发区的高层次领军人才，北京市“海聚工程”人才和 2010 年那一批的国家“千人计划”创新人才。

其实，给不给他“千人计划”，他都会回来。一心想着回国做事业的王阳，回国已经 6 年多了，过去 6 年多，他从未后悔回国。

作为经历过上山下乡、经历过改革开放后的第一批大学生和苦读奋进留学生涯的人，王阳一直认为自己是个幸运儿，并且幸运的由来和祖国的培育、改革和飞速发展密切相关，回报祖国是理所应当。回国后，他的目标很简单，希望能为国内生物创新药做贡献，至少做出一个能治病救人的、在全球销售的、中国公司生产的生物创新药，不管是蛋白、抗体还是疫苗。

在他看来，过去供职的默克公司虽然一直是全球药物研发楷模和行业领头羊，研发投入规模巨大，但内耗大，走的弯路也不少，想启动一个新项目要经过层层审批，待项目获批时，往往已经错过市场契机。神州细胞 / 义翘神州则不同，公司高层几个

2016 年，王阳（后右二）与公司老员工和他们的孩子们一起过新年。

人就可以拍板，效率要高得多。

中国效率加上美国经验，让王阳如鱼得水。这 6 年多的回国创业生涯，让他非常振奋，感觉自己又重新充满了创新突破活力。中国在过去三十多年的改善是了不得的！中国公司的特点就是会充分利用人才，一个人当八个人使。你只要想做事，就肯定有你能做贡献的地方。

回国后，王阳为神州细胞 / 义翘神州公司建立了重组蛋白、抗体和疫苗药物研发和产业化质量分析的全套分析方法，负责管理公司的产品质量分析技术研发和质量控制流程，支持公司多方面产品研发和产业化，支持了十几个新生物药研发项目，其中 6 个已申报临床，3 个已进入临床实验阶段。

在王阳看来，自己回国赶上了好时候。过去几年，中国修订出台了新的《药品监管法》，《药品注册管理办法》等多个相关文件也正处于征求意见的修订过程中。这些管理法规的改变令王阳非常欣慰，因为中国药品的管理理念越来越跟国际接轨，新临床试验和新生物药的批复也加快了，对未来中国生物医药产业的发展是“重大利好”，会为国民乃至人类健康带来更多的福音。

未来：要做到国际一流水平

生活中，王阳是一个容易满足的人。回国后，他觉得跟美国快餐比起来，公司提供的中式午饭特别好吃，心里充满了幸福感。

工作中，王阳是一个努力进取的人。回国后，他觉得跟美国企业比起来，中国药企亟待发展，心中充满了紧迫感。

他希望把中国的生物制药产业做到国际一流水平！这是王阳的理想。

这个理想很难实现，因为正宗的生物制药像做大飞机一样复杂，需要十几年，十几亿元和数百人的努力。新药研发是一个跨越多学科的系统工程，涉及的技术环节很多，靠少数人单打独斗不成气候。以神州细胞 / 义翘神州这样的新兴企业为例，它拥有在国内算是非常强大的创新团队——400 名员工中 80% 是本科以上，还有十几位海外高端人才。但这样的创新团队规模，与默克公司这类拥有近万名博士员工的大型跨国制药企业比起来又相形见绌。

但这个理想又正在实现。王阳等生物医药类人才，近几年归国的很多，他们之中的创业者，都在将国际领先的技术应用到中国的生物制药研发中去。星星之火可以燎原，中国的新药研发企业幼苗们正茁壮成长，谁能断定它们之中不会出现几棵参天大树？

目前，全世界前 20 种畅销药，生物药占一半。全世界前 10 位畅销药，生物药占 6 个。各类生物药的在研药也层出不穷。

在王阳看来，生物制药是阳光产业，中国未来对这个产业的人才需求很大，什么专业的人才都能在其中找到一席之地。

同时，生物制药又是一个漫长的经验积累，它可能出错的地方太多。王阳所擅长的蛋白质结构分析和生物药质量分析技术，正是减少差错，保障抗体类、疫苗类生物药品质量的关键技术。

娇弱善变的蛋白质分子，给蛋白质类生物药的质量管控提出了层出不穷的难题，而王阳就在解决这些难题的过程中找到了乐趣。

现在，王阳对公司的两个新产品充满期待。

一个是他的老朋友——HPV 疫苗。由于中国人、欧美人和其他国家人种的基因不同，HPV 感染亚型的分布也有区别，欧美公司开发的 HPV 疫苗对中国人和世界部分国家人口的抗感染效果还是不够理想。神州细胞 / 义翘神州现在正在做一种保护率更好的重组 HPV 疫苗，处于临床前研究阶段，准备 2017 年申报临床实验。预计此疫苗能将接种者的 HPV 感染风险比目前最好疫苗减低一倍。

一个是基因工程生产的重组人凝血八因子药物。这种药物是血友病人的救命稻草，用了它，血友病人平均寿命也能延长到与正常人一样；如果有足以预防用药的量，血友病人能像常人一样磕磕碰碰、参加运动甚至进行体育比赛；没有它，血友病人自幼就会反复出血，患上慢性关节炎变成残疾，一旦出现颅内出血、喉部出血，还将直接危及生命。

在美国，血友病人一年使用的凝血八因子平均要 10 万美元。在中国，现有进口的凝血八因子药物一支卖 1 千多元，而目前中国的血友病人大部分为困难人群，用不起这种药物。2011 年，在国家项目支持下神州细胞 / 义翘神州成为继欧美 4 个跨国制药企业后，全球第五家掌握重组凝血八因子生产技术的制药企业。

目前，神州细胞/义翘神州的凝血八因子药物正在做临床I期实验，预计两年可以完成临床实验，就可申报药物上市。

王阳很看好中国的生物制药，这是阳光产业，它的发展将解决国民需求，解除人民的病痛，降低医疗费用。

在王阳看来，为阳光产业而奋斗的人生，就是真正的阳光人生！

➢企业家感言

一流的质控才能做出一流的药物

我的心态好，很少想昨天，不会想已经过去的往事如果换个做法会怎样。我一直向前看，基于自己掌握的做好下一步就行了。现在，我期待的下一步就是，把中国的生物制药产业做到国际一流水平，做出国际一流的生物创新药！

一流的质控才能做出一流的药物。我们需要采用各种先进的技术从不同角度分析，全方位互补地评价蛋白质分子的结构和质量。这是一种不定量的要求，很有意思。就像印象派的画，说不出哪里好，但能看出哪张好。

胡邵京：在抗癌新药研发路上勇往直前

企业家小传

胡邵京，首席化学家，获加拿大西蒙弗瑞斯大学博士学位，曾在美国耶鲁大学从事博士后研究工作。先后就职于美国 Institute for Diabetes Discovery 和 Neurogen 公司，任首席研究员。在肿瘤、肥胖和糖尿病、中枢神经以及抗炎新药研发方面有十多年经验。国家“千人计划”特聘专家，北京经济技术开发区高层次人才，浙江省“千人计划”特聘专家，杭州市“521”和钱江特聘专家。从 2009 年起，一直担任贝美拓、贝达药业的首席化学家兼研发副总，主持公司新药研发和知识产权工作，直接领导多个新药项目的研发。

2016 年，胡邵京在中国新药走向世界的征程活动上演讲。

花费十年、二十年，甚至是更长的时间，投入数以亿计的资金用于研发新药,很多人并不理解让他孤注一掷的动力源于哪里。

有人说，这种动力来自商业利益。可是，比研制新药来钱快的行业不在少数。

有人说，这种动力来自对功成名就的想象。可是，比研制新药更容易出名的机会也很多。

对于这一问题，北京贝美拓新药研发有限公司副总裁胡邵京给出了答案：帮助病人尽可能地延长生命，这是新药研发最大的乐趣和动力所在。

近年来，我国的癌症发病率持续上升，庞大的患病人群用药需求巨大，而我国的抗癌药物却严重依赖进口。

昂贵的进口药物，让广大普通百姓很难“烧钱续命”。

中国本土能自主研发出疗效更好的抗癌药物一直是千万患者的期盼。

2011 年，中国第一个小分子靶向抗癌药凯美纳横空出世。

这一突破的背后，胡邵京功不可没。

站在研发的前沿

如果不是当年做出一个颇为艰难但很决绝的决定，此时的胡邵京也许仍然在坚守着三尺讲台。

20 个世纪 80 年代，学业有成的胡邵京在湖南一所高校任教。

那时候的教学任务并不重，好学的他利用业余时间不断钻研业务。

6年边执教边自学的时光，胡邵京逐渐发现，越是钻研越觉得自己的学识水平“有限”。1992年，他毅然选择远赴加拿大，攻读博士学位。

胡邵京当时的博士导师已经在从事化学与生物相结合的理论研究，致力于用化学的手段来解决生物的问题。在胡邵京看来，这在当时已经属于非常前沿的研究。

获得博士学位以后，他又进入耶鲁大学，做博士后研究。胡邵京的导师既是一位出色的学者，也是位成功的企业家。他曾凭借新技术从两家跨国公司拉到9亿美元的融资，一度引领了全球制药研发的风向。

那时候，痴迷于学术研究的胡邵京就跟着导师做结构修饰项目，负责研究解决某些天然化合物分子为什么具有抗癌活性，抗癌活性从哪里来等核心机理问题。胡邵京不断试验修饰分子的物理化学结构，将分子的抗癌活性提高到最大。

在耶鲁大学的求学经历，让胡邵京接触到了世界一流学术队伍，受到了非常完整的科学训练，有了“一下子站在世界最前沿”的感觉。

在耶鲁大学期间，胡邵京还主持了上市肿瘤药物 Carfilzomib 的前期研发，先后就职于美国 Institute for Diabetes Discovery 和 Neurogen 等公司，担任过公司的首席研究员。

不过，胡邵京并不满足于在美国的成就。在他看来，处于快速发展阶段的中国，能够给自己提供更好的平台和机遇。在20世纪90年代，肿瘤医学领域，几乎22%的全球新发癌症病例出现在中国，27%的癌症死亡病例在中国。这让胡邵京感到，在中国做抗癌新药研发意义重大。

与此同时，国家推出了重大新药创制专项，胡邵京明显地感觉到国家对新药研发的扶持力度在加大。

机遇就在眼前。在贝达药业创始人丁列明、王印祥的邀请下，胡邵京于2009年正式加入贝达从事研发工作。

坐得十年冷板凳

加入贝达药业以后，胡邵京主要从事新药研发工作。尽管已有了深厚的学术积累，新药研发对他来说仍是一个摸索尝试的过程，注定不能一帆风顺。

从业界的实践经验看，新药研发失败率特别高，从一期临床开始到最后产品上市只有 10% 的成功率，90% 的研究都要注定成为炮灰中途夭折。如果算入临床前的研究，一万个化合物才能出一个候选化合物。而且，新药研发作为一个长链条的活动，研发一款新药平均周期要在十年左右。漫长的研发周期，中间还充满着很多不确定性，新药研发如同一条看不见尽头的长征路，这就要求科研人员能够坐得十年冷板凳。

支撑着胡邵京孜孜以求地专注于药物研发的动力是什么？

他曾跟很多人提起过这样一件事：

2015 年，一个来自张家口的退休老师，身患肺癌已经用了 9 线药物治疗。进入临床研究时，原发灶肿瘤得到了非常好的控制，但脑转移的症状特别明显，按照临床试验的指南要求，必须停止用药出组采用其他方式治疗。研究人员通知这位退休老师出组时，这位老师特别希望能继续留下。

病人对科研人员哀求的目光，让胡邵京深深体会到了人对生命的渴望，他经常跟身边的研究人员感慨：得到病人的认可，让病人的生命尽可能延长，使他们获益，是对科研人员最至高无上的褒奖。

这些年来，胡邵京参与研发的抗癌新药盐酸埃克替尼（又称凯美纳）是自主研发的国家一类新药，也是中国第一个进入临床的化学类靶向抗癌药。5 年来接受凯美纳药物治疗的晚期肺癌患者达 10 万多人，不仅打破了国外大型制药企业在该领域的垄断，也改变了中国晚期非小细胞肺癌治疗的格局。凯美纳因此被授予 2015 年度国家科技进步奖一等奖，这是新中国成立以来化学药物领域首次获得国家科技领域最高荣誉。

现在的肿瘤治疗实践已经证明，癌细胞在长期的药物治疗时会产生耐药性，这就意味着并没有一劳永逸的抗癌药，抗癌药的研发工作任重而道远。如今胡邵京的科研团队正在着手研发第三代抗癌药物,用来解决癌细胞对凯美纳产生耐药性的后期问题。胡邵京博士作为第一发明人已经完成了两个 1.1 类新药的临床批文申报，BPI-9016M 和 BPI-15086，该两项目均已获批临床，其中 BPI-9016M 正在同时进行 Ia、Ib 期临床试验，已经有数十病人参入临床研究并显示初步的疗效。

胡邵京与团队的目标就是不断研制新的抗癌抑制剂，把肿瘤这种威胁生命的疾病变成类似于糖尿病之类的慢性病，让病人尽可能摆脱死亡的威胁，最大限度地延长他们的生命，提高癌症患者的生存率。

让新药更快“通关”

当前，海外的仿制药企越来越重视创新药，全球最大仿制药企梯瓦逐年提升专利药研发比例，艾尔建在和阿特维斯合并后抛售仿制药业务意欲进入创新药领域。新药研发成为提升企业竞争力的重要手段。

这对于中国制药企业而言，既是挑战也是机遇。

胡邵京毫不讳言，中国医药行业面临的最大困境是创新能力不足。新药研发非一朝一夕之功，涉及很多个专业领域，基础研究薄弱很难支撑起这一高风险、长周期的创新工作。中国的新药研发历史很短，新中国成立前连抗生素都生产不出来的中国，新中国成立后也一直以仿制药为主，基础研究不足，大家不愿意创新也不敢创新。

正因为如此，新药研发领域鲜有企业问津，如同一座不可逾越的大山横亘在药企面前。在胡邵京的印象中，缺乏创新、忙于仿制，几乎是 20 世纪 90 年代中国制药行业的真实写照，甚至有些企业连仿制药都做不好。

造成这一怪相的背后，是由于制药行业在中国的发展时间不长。对于药品供应紧张的中国而言，首先要解决的是人们的基本用药问题，即先解决好如何做好仿制药，保障老百姓的基本用药需求，然后再进一步做研发。到了 2000 年以后，中国即将进入世贸组织，国家鼓励企业仿制一批对保障民生的基本药物。

不过，当绝大多数药企沉浸于仿制带来的利润时，贝达药业已经专注于投入新药研发。贝达药业可以说是国内最早一批从事新药研发的企业之一。公司的目标就是从事抗癌、心血管疾病和糖尿病新药的研究开发。

事实上，贝达药业在做新药研发方面“很有一套”，而这背后，离不开对提高新药研发“通关”效率颇有心得的胡邵京的帮助。

一份书面资料“泄露”了这个秘密：胡邵京博士是糖尿病、抗癌以及中枢神经系统方面的专家，能够最大限度地利用已有的新药研发的信息，包括分子结构和相关药物化学的知识，来选择和开展新药研发项目，从而最大限度地降低新药开发的成本，缩短新药研发的时间。

在胡邵京看来，用于治病救命的药物事关患者生命健康，新药物的安全性、疗效最马虎不得，因此新药研发全程受到政府部门的监管。在新药研发的监管过程中，监管部门出于对患者安全性的考虑，稳字第一，造成审批时间非常长。

新药从实验室到临床阶段再到最终进入市场，就是一个“通关”的过程。

那么，贝达药业的快速“通关”又是如何实现的？原来，胡邵京本人长期在美国从事研发工作，对新药注册法规有着非常清晰的认识和理解。在回国以后，胡邵京总能结合中国的实际情况反馈企业自身的需求，向政府监管部门提出合适的建议。

胡邵京与政府保持着积极互动，在政府关注的用药安全性和患者需求的紧迫性之间积极做好平衡。对于制药企业而言，既要考虑到政府部门的安全性疑虑，又要让他们的药品尽快地到达病人的手中，他们需要跟监管机构积极保持互动，最有效的方法是用科学性打消政府监管部门的疑虑，用真实可靠的临床数据去说服他们。

“中国药”还要追赶

在胡邵京看来，新药创新研发与基础研究的水平息息相关，美国等一批发达国家有着多年的积累，在基础研究领域占据了天然的优势。

从全世界范围来看，美国、欧洲和日本等少数发达国家主导着全球制药产业的创新活动。这些国家已经拥有成熟的制药工业和创新体系，在药品研发所需的技术、资金、人才、体制等创新要素方面，处于世界领先地位。

资料显示，从 1986–2010 年间，全球共开发有 910 个新化学实体，其中欧盟开发出 376 个，美国 359 个，日本 128 个，共占全球新化学实体份额的 94.8%。美欧日之外的地区（包括中国）共开发了 47 个新化学实体，占 5.2%。

中国的药品研发仍然处于追赶的过程中。不过，胡邵京并不气馁。在他看来，中央高层已经深刻地意识到了创新是未来发展的方向，并且有决心要改善创新环境，这对于医药行业是一个重大的利好信号。从行业的角度看，每年批准上市的新药虽然仍然数量很少，但是进入临床的已经上百种。而这背后正源于国家对创新的重视。

回国多年，胡邵京最大的体会是，在国内搞新药研发，必须做到“软硬结合”。

目前，新药研发已经越来越受到重视，资本对具有潜力的新药研发的投资比较活跃，企业融资问题不再突出，硬件平台条件已经得到了很大改善；但是，进行创新研发最关键的“软件”是高科技人才的智力资源，制药行业最少需要48个专业的人才协作完成，人才的匮乏是制药企业进行创新的最大掣肘。

在胡邵京看来，国外的大公司很容易把人才笼络到一起，中国的医药企业更多需要通过海外引进和招聘，或者在国内通过多种渠道扩充队伍。这些年来，亦庄开发区在人才引进上对公司的帮助非常大。公司需要人才，亦庄开发区对于引进人才和留住人才同样十分重视。公司入驻亦庄开发区后，亦庄开发区每年都会给专家安排一个集中时间休息交流，通过这个平台，胡邵京认识了很多朋友，他们之间的沟通，总能碰撞出一些火花来。这在国外恐怕是很难想象的。正是由于这类政策的帮助，贝达药业北京研发中心如今正拥有120余人的规模，这其中70后是中层骨干，80后已经到了骨干水准，还有一批90后年轻人。

在政策层面上，胡邵京希望国家在税收上给予更多政策优惠。同时，要加快推进招投标体系、医保体系的改革，破除体制机制对于创新的约束。

事实上，一个成功新药的发现，归根结底离不开基础研究的支持，比如新靶点的发现、作用机制的阐明。

中国今后能否在全球新药研发中占有一席之地，胡邵京认为“基础研究的投入是至关重要的一点”，同时，基础科学家、药企研发人员与临床医生之间的交流也至关重要，通过临床反馈在疾病的标记物、靶标的基础上展开更加合理的药物的设计，使得设计出来的新药更加有效，不良反应更少，从而更好地实现个体化用药和精准医疗。

胡邵京坚信，中国制药的原创梦想正在实现并将伟大“复兴”。

企业家感言

在新药研发的道路上勇往直前

我在中美两国都从事过新药研发工作，除了宏观创新环境不同，实验室文化也有差异。国外很多人都受过很好的实验室训练，职业素养较高，相比之下，我们的新员工培训时间需要花费更长的时间。更重要的是，我们的员工之间人情的味道更浓一些，我们更多需要考虑员工的家庭、子女的问题。这种差异的好处在于，如果理顺了，有种家庭式的味道，团队很融洽，有充分的发挥和学习的空间，对于后期的成长感觉非常好。

我们现在的员工，有很多 80 后、90 后，尤其是 90 后，他们普遍是独生子女，思想理念似乎标新立异。我觉得，和这些年轻人相处的时候，我们之间并没有什么交流的障碍，我对这些年轻人非常认可，他们都乐意接受公司的以全球水准做研发的企业文化，也有积极向上的动力，这对于公司来说，是非常难得的。

总之，我们处在一个变革的时代，一个日新月异的时代。我希望能和我的团队一起，在新药研发的道路上勇往直前。

张兴民：
让“中国版”创新药造福人类

企业家小传

张兴民，吉林医学院医疗专业学士，白求恩医科大学免疫学专业硕士，中国协和医科大学风湿病学及免疫学专业博士。曾在哈佛大学医学院从事博士后研究，并担任过哈佛大学医学院的讲师（instructor）。曾受聘于美国新他制药公司、先灵保雅制药公司及默克制药公司，分别担任资深科学家。2011年回国创建北京富龙康泰生物技术有限公司，现任首席执行官。回国后发表、申报发明专利10项。北京化工大学兼职客座教授。国家科技部2015年重大新药创制备选项目及2016年北京市新药创制临床前专项的课题负责人。

阅读大量的著作是张兴民的兴趣爱好。

创造一种新药？还是当一名救死扶伤的医生？

这对于很多医学专业毕业的学生，犹如遇到了"To be，or not to be"的莎士比亚难题。

张兴民——北京富龙康泰生物技术有限公司创始人兼首席运营官也曾为此辗转反侧。

最终，他选择了一条新药研发的科研之路。

这或许与他的经历有关——

张兴民出生于一个医学世家，父母都是医生，父亲还是中国医科大学毕业生。从小对医学耳濡目染的他，长大后选择医学专业顺理成章。

吉林医学院（现北华大学医学院）学士，白求恩医科大学（后并入吉林大学）硕士，中国协和医科大学博士，哈佛大学医学院博士后……

一路走来，无论在中国还是在美国，他都有机会像自己的同学一样进入医院做一名救死扶伤的医生，但"发明一种技术或创造一种新药能造福更多病人"的单纯理由，让张兴民一次又一次选择深造，最终他选择了致力创新药"中国造"的创业路，而且，他不抽烟不熬夜，勤锻炼少饮酒，用实际行动践行着健康生活。

探索：做出世界首创新发现

1997年，张兴民已经取得中国协和医科大学风湿免疫学专业博士学位，并有了几年的临床经验，但他没有选择像其他同学一样留在医院继续从医，而是远赴大洋彼岸的美国哈佛大学医学院继续深造，因为"科研对我更有吸引力"。

在这里，张兴民很快显露了他的科研天赋。

他所在的课题组发现过一个新的免疫调节基因SAP，还没有证明这个基因与疾病的关系。哈佛教授、著名免疫学专家Dr . Cox Terhorst认为，该基因可能跟某种疾病有关。张兴民来到哈佛医学院以后，仅用了一年的时间，就证明了SAP基因的突变是导致X-连锁的淋巴细胞增殖性疾病的致病基因。这个成果后来发表在《自然》杂志上，此发现对该疾病的认识和诊断有很大帮助。

初战告捷的张兴民很快进入了Dr.Howard Weiner实验室。Dr. Weiner是世界著名的神经病学专家和免疫学专家，在他手下，张兴民又一次显露了自己的才能。2000年，张兴民在美国免疫学年会（AAI）中报道了自己的发现：在动物体内诱导并激活CD4+CD25+免疫调节性T细胞（Treg），可以抑制CD4+CD25-细胞的免疫反应，达到控制自身免疫性疾病的目的。

这一世界首创的新发现对于治疗人类自身免疫疾病、特别是I型糖尿病和类风湿性关节炎等疾病具有重要意义，论文于2001年发表在《美国免疫学》杂志上，现在已经广为引用650余次。

但这个成果在发表之初曾引起大量争议，遭受了很多质疑，张兴民以特有的坚韧和自信，经受住了这样难熬的考验。那时Dr. Weiner一直支持张兴民，并曾鼓励他坚持下去："你做出了一个经典发现，将会被大家认同。科学的道路上有很多辛酸和喜悦，你的发现终被大家认同，对科学和人类有帮助，这就是最大的价值。"

在做了 3 年半博士后之后，由于连续的出色表现，张兴民从哈佛大学的一名普通博士后，成为一名哈佛大学的正式员工，开始了 4 年的哈佛讲师生涯。

在一共 7 年多的哈佛生活中，张兴民长期从事免疫调节性 T 细胞的研究，在权威期刊上共发表了 16 篇论文，并多次应邀在美国、日本、加拿大等国讲学。这对于 7 年前刚到美国只能听懂导师说话三成的张兴民来说，无异于一场脱胎换骨的进步。

然而，张兴民却没有满足。早年从事过临床工作的他开始思考，如何尽快地将这些科研成果转化成生产力，为更多的患者服务？

在美国，新药研发以企业为主体进行创新和转化，企业乐于在新药研发中投入巨资，很多大学教授的研究项目都能在企业的支持下转化为造福人类健康的新药。

2004 年底，张兴民接到了美国新他（Synta）制药公司的邀请，从此离开了他热爱的哈佛大学，开始为科研成果的转化而努力。在新他（Synta）制药公司，张兴民任二级科

2014 年，张兴民在办公室。

学家，从事抗免疫炎症及抗肿瘤的新药研发，以及二期临床试验的研究。他的课题组发现 IL-12 小分子抑制药物能抑制免疫性肠炎病人外周血淋巴细胞分泌 IL-12，研发了特异性 GATA-3 小分子抑制化合物。

2006 年，张兴民担任美国先灵葆雅（后改为默克）制药公司资深科学家，从事类风湿性关节炎、肿瘤等多个疾病领域的新药研发。期间，和团队一起成功筛选并优化出多个新药化合物。

在美国医药公司的工作，让张兴民熟悉了新药开发的流程，并萌发了自己创业的想法。

而后，他自己在美国创立了全球生物技术咨询公司，并担任总裁，和哈佛、波士顿等著名大学建立起广泛的合作。

2016 年，张兴民在客厅。

归国：搭上海归创业的特快列车

2011年底，张兴民回国了。对于他的回国，很多人表示了惊讶，当面问他："国外那么好的科研环境，为什么非要跑到国内来发展？"

张兴民回答："因为有差距。"

的确，相比之下，美国有更高端的技术水平和更成熟的市场环境。国内其他行业发展很快，但医药落后10~20年，中国人吃的都是人家淘汰的药。因此张兴民选择了回来。

张兴民算了一笔账：2010年，国内制药行业的产值是880亿美元，其中却有80%的利润被外国公司攫取了。中国庞大的医药制造产业却只得到了全年行业产值的20%。技术力量的薄弱，是国内制药企业发展的瓶颈，但这也正是回国创业的大好机遇。因为美国经济已经进入了一个平台期，而国内的市场巨大，创新药却十分稀罕。回国创业，正好可以"搭上国内飞速发展的特快列车"。

其实，早在2010年，张兴民就有回国的想法，那年他在美国波士顿的一次科研活动上遇到了北京亦庄开发区的领导，了解到开发区对海归创业的扶持政策，非常动心。

心动之后，是行动。

张兴民先后到过苏州、上海、杭州等地考察，最终还是把国内创业的地点定在了北京。

原因有二：从公司角度，北京能接触到更多国内外先进的同行，有多项优惠补贴，也有多所高校方便公司招聘人才。从个人角度来说，他是北方人，又在北京上过学，习惯了这里的生活，也有很多朋友。

在北京，张兴民还考察了中关村、上地科技园区，后来又考察了昌平生命科学园，但最终还是选择了在亦庄开发区创业。在他看来，开发区是北京新的经济增长点，是北京真正的经济发展龙头，且开发区各级领导都把生物制药作为一项主导产业来抓，政策务实、清晰，理念又很国际化，很适宜创办生物制药企业。

事实也证明了他选择的正确性。

2011 年，回到开发区仅仅 3 个月，张兴民就办好了所有的企业注册手续，创建了北京富龙康泰生物科技有限公司，这令他始料不及。"我没有想到一个外资公司的注册这么迅速。其实大部分时间都是在准备材料，真正的审批时间很短。"2012 年 1 月 11 日，随着开发区第六批海外高层次人才名单的公布，作为高层次人才之一，张兴民又可以享受到更多的优惠政策。

亦庄开发区的北京生物医药园区还筹建了服务药企的公共平台，这对张兴民来说也很重要。购买固定资产对小企业的资金链太沉重，这个公共平台还采纳了张兴民的意见，向他咨询采购什么样的仪器对医药企业有帮助。现在，富龙康泰的很多实验都可以利用楼下的"生物医药园公共检测平台"进行，省去了公司自己购买设备的大批资金，对于张兴民来说，帮了大忙。"在美国绝对找不到这样的孵化基地，拎包就能入驻，大型的生物实验设备在这里都能找到，而且租用价格很便宜！"

张兴民创建的北京富龙康泰生物技术公司是家中外合资企业，创业团队由海归精英组成：张兴民、杜镇建、季奇等几位博士都有着海外高等学府的学历背景和在专业领域的研发经验，还聘请了美国塔夫茨大学的胡国富教授以及波士顿大学的王智教授为公司的科学顾问。

创业之路也并非一帆风顺。热爱科研的张兴民，在国内创业之路开始之后，就发现，管理普通员工是个大难题。

过去，张兴民在美国工作时管项目，虽然也要考虑预算和人才，但难度并不大。而回国创业第一年，张兴民就发现，作为小企业的创始人，要管人管项目管资金，一点都不轻松！

富龙康泰采取精兵路线，公司仅有不足20人，第一年下来，张兴民发现，跳槽了好几个！

新创公司如何才能稳定人员？

张兴民陷入了深深地思索。首先排除了薪水的原因，因为他给的工资在市场上相对较高，五险一金都是全的。

他跟年轻员工谈话，发现年轻人需要的是职业提升的希望。于是做出了两个决定：

一是深造机会。张兴民是北京化工大学的兼职教授，公司里工作突出能评优秀的员工,可以去北京化工大学读在职研究生，由公司提供学费，读书期间工资奖金照常，上班时间自由，周末来公司工作还可以串休或领到加班费。在读期间，还给他们提供参加国际会议的机会。

二是职业资历。公司成立之初，公司里研发的项目，获得专利，都以张兴民为主，现在，企业研发走上正轨，都以员工为主，谁贡献大、谁是项目负责人，谁就是第一作者。

改变了人事制度和人才培养制度后，从2014年到现在，公司基本没有跳槽的，人员相对稳定下来了。

"做企业创始人，要有眼光、能力，有个人魅力。人格魅力不是多会说漂亮话，而是要实实在在的有培养计划，有让员工施展才华的机会。"张兴民想对了也做对了。

实践：做国际上没有的真正新药

作为一名创业者，张兴民志向远大。他想创办的是一个真正的创新药制药企业，为老百姓提供廉价又高效的创新药物。

创新药物是具有自主知识产权专利的药物。创新药从项目设立到被药监部门批准上市是一个漫长、高风险、高投入的过程，在国外，一般需要8年到10年研发周期和约10亿美元的研发经费。但创新药一旦研发成功，就相当于掘开了一个金矿，让企业成为"现金牛"。

在医药领域，从仿制、仿创结合到创新像一个金字塔：处在最底层的仿制药生产企业利润低、竞争激烈；而处在最上层的创新药，则可获取高额利润。我国数千家制药企业生产的化学药品中，仿制药达95%以上。张兴民要做的，就是那个金字塔尖！

这不是头脑一热的大冒进，而是具备现实基础的雄心壮志。在创新药研制领域拥有丰富经验的张兴民判断：由于中国生物医药市场潜力大、研发成本低、政策利好多、病人资源丰富等因素，未来5年，创新药在中国将处于一个爆发阶段。

张兴民回国后领衔研发的FP-208，就是一种国际创新药，是拥有自主知识产权的新型抗肿瘤药物。它的化学结构属国际首创，是基于新靶点、新机制的小分子靶向药物，克服了目前国际同类蛋白激酶抑制剂药物普遍存在的溶解度差、口服吸收率低等缺点。不仅如此，细胞实验、肿瘤动物模型研究和生物标记检测表明，FP-208可以抑制多种肿瘤，如肾癌、乳腺癌、肝癌、卵巢癌、前列腺癌等。在多种肿瘤动物模型实验中，FP-208的同剂量药效明显优于国际同类，并且证明安全有效。

目前，FP-208已完成了临床前的所有项目，包括GLP药物安全性评价和GLP药代动力学、GMP条件下的中试生产以及临床制剂的开发和中试，并在2016年底申报临床。

药物如能获得成功，将成为国内外首创的新型靶向抗肿瘤药物，且具备适用多种癌症、口服便利、生产成本低廉、质控及运输存储简便的优点，前景不可限量。

为什么敢在国内做国际没有的创新药？张兴民认为，在国内做创新药，不需要投入美国那么多钱和那么长时间。

在美国大药企做创新药，立项至少需半年到八个月讨论，层层批复；而回国后，在张兴民自己创办的富龙康泰里，科学顾问内部认同的项目就可以马上启动。小企业对一个项目认同后，资源会非常集中；大企业一个部门十几个新药项目，很难在早期有足够投入，这导致了研发周期的过长。从经费上看，小企业可以单刀直入只掌握核心资源，不做太多花哨的研究，不用建立不太常用的实验室，可以利用国内外包服务的优势，省下很多成本。

现在，FP-208 在国内研发了近 5 年时间，项目投入三千多万元人民币，已获得 4 项发明专利。由于优异的理化性质和药效，FP-208 吸引了一些国际著名药企的合作洽谈。张兴民的短期目标是，三年内完成 FP-208 的临床 II 期试验。

富龙康泰另外一个国际原创新药候选药物 FP-253 已经拿到中国、美国的发明专利，FP-253 是一种免疫调节剂，可用于溃疡性结肠炎、重症牛皮癣、狼疮、多发性硬化症、渐冻症等自身免疫性疾病和神经免疫性疾病，市场潜力也十分巨大。

在各种创新药项目之外，富龙康泰公司还开发了国内首款针对黄种人皮肤的 3D- 人造皮肤模型，以及多项细胞因子检测的 ELISA 试剂盒，建立起免疫毒理和皮肤毒理检测平台，协助同行开发治疗癌症、自身免疫病及其他疾病的新型医药产品。公司研发的 3D 人造皮肤模型已实现产业化，可以替代传统的动物试验，检测化学物质、生物制品、日用化工产品以及化妆品的所有剂型，让民众今后在使用化学用品或化妆用品时更放心。这个项目一年可以给公司带来几百万元的现金流，未来还可以用于整形、烧伤。

当前，任何一个创新药物上市，企业价值都会增加几十个亿。

张兴民期待着5~6年内能有创新药进入上市阶段："我们有一个项目成功了，就能真正造福人类。"

企业家感言

创新药是个大金矿

创新药是个大金矿，就怕挖不到。在遇到国际金融风险时，创新药的制药企业利润稳定，抵抗风险能力很强。

我刚回国时，国内资本对真正新药创制企业敬而远之，资本要听故事，要市场前景，而我们是先拿出科研事实，再讲未来。好在我们的工作大家现在都看得见，FP-208和FP-253已经得到中国、美国专利局的授权，创新药物能得到国际药企的认同和合作机会。FP-208和FP-253是全球创新，在不同阶段都有不同价值体现，目前已有多家投资公司与我们洽谈投资。

面对诱人的市场蛋糕，世界主要制药强国都在加快创新药物研制步伐，我期待中国创新药研发能在接下来的几年里开创新局，出现高潮。我也期待在中国研发创新药能获得比炒房高得多的收益，如果我们的回报率低于炒房，我们失败，国家也失败。

章华始：
乐章最华彩的部分已开始

企业家小传

章华始，1968年出生。曾任美国Dexcom公司研发高级经理，成功的研发了世界上最先进的动态血糖传感器。现任圣美迪诺医疗科技（湖州）有限公司首席科学家。主要研究方向是医用新材料及几代医用传感器的开发及临床应用。在传感器领域有着丰富的经验，最新研发的几代动态血糖传感器及配套助针器，佩戴无痛感，可通过无线传输数据，可用手机实时监测血糖变化情况。该项目取得了2项发明专利，4项实用新型专利，4项外观专利，6项软件著作权。曾成功搭建了传感器年百万级生产线，并完成了其中规模化设备的研发。2012年入选国家“千人计划”创新长期类人才。

2016年，章华始在会议室接受采访。（佘惠敏摄）

❁➢

太神奇了！将一个纽扣大的动态血糖监测传感器戴在手臂上，血糖就可以通过蓝牙数据直接显示在手机终端上，简单，方便，不用去医院，不影响日常工作，这样的检测是不是我们每一个人都向往的？！

研发出这款新产品的人叫章华始。章华始何许人也？他可是个了不起的人物，他是国家“千人计划”创新人才、圣美迪诺医疗科技有限公司首席科学家。

章华始是个海归，2012 年年初回国。一回国，他就发现中国缺少世界上领先的医疗检测技术，于是，就把将中国的动态血糖监测技术与应用推上世界一流产品的竞技台当成了他和他的公司的使命，致力于让圣美迪诺公司成为美国之外唯一拥有独立知识产权的动态血糖监测设备的供应商。

圣美迪诺公司先在浙江湖州注册，后把总部开在北京经济技术开发区，得到了北京经济技术开发区的大力支持。在亦庄安家，章华始确实找到了家的感觉，他不会忘记开发区给予他们的 100 万的资金支持以及人才、政策、房租等方面的优惠补贴政策。这些条件保证了他们在亦庄建设的第一个实验室在公司注册完成之前先行启动，这也是他们选择落户亦庄的原因之一。现在，圣美迪诺在北京做研发，湖州做生产。

目前，他已经研发出三种动态血糖监测技术，最新产品的各项指标水平已经能够与国外同类产品媲美。“下一代产品，我希望做成全世界最领先的！”显然，他是一个非常自信的人。章华始的信心从哪里来？

脚踏实地的成长

信心，源自脚踏实地的成长。

章华始生活在一个科学气氛十分浓厚的家庭，父母都在中国科学院工作。1968 年出生的他，从小就对科学着迷。回忆小的时候，他常会对别人说：“我小时候一直被别人认为能做科学家，因为小学二年级就戴了很厚的眼镜。在学校参加活动时参演科幻话剧，我演的就是科学家。”

高中毕业，章华始考入华东理工大学，读了 3 年后，转去美国佛罗里达大学化学专业，获得学士学位。

对章华始来说，出国留学是步入独立生活的一个重要转折点。那是 20 世纪 80 年代末，国内生活条件和大学环境跟国外相差很大，从国内猛然间到了国外，所有事都要自己做决定，这还真算是一个考验。在国内他是个乖孩子，生活没什么压力，到美国就不一样了，要完全独立自主地生活，这对他来说是个很大的挑战。

但是，这个“乖孩子”还是很快就适应了美国的生活。第一个学期他还每周末去餐馆洗盘子赚生活费，第二个学期就开始在学校实验室做助理研究员拿奖学金了。

本科毕业后，章华始考入美国南加州大学化学系，开始了对医用新材料及医用传感器的研究。

在南加大求学期间，他们系的教授，也是他答辩委员会的成员获得了诺贝尔奖，这对他影响很大。教授获“诺奖”的成果跟他所研究的领域有着很强的学术相关性，教授的获奖一下子提高了他对学术研究的兴趣和自信心。他原本认为“诺奖”高高在上，可望而不可即，可一旦发现在自己的生活圈中自己可以频繁接触的人也能获得“诺奖”时，他觉得这个奖离他也不远了，这件事大大地激励了他。

1997 年，章华始获得南加大的化学博士学位。毕业后，他进入美国工业界，做出了很多科技含量较高的医用新材料产品和医用传感器产品。这些在公司里的新产品研发经历让章华始迅速成长起来，成为一名具有丰富经验和明确目标的研发人员。

在美国 15 年的工作经历中，章华始印象最深的是自己研发的两个产品。一个是 1999 年，他去了加州理工大学三位教授（其中一位还是“诺奖”获得者）创立的研发公司研发电子鼻。电子鼻是利用气体传感器阵列的相应图案来识别气味的电子系统，它可以在几小时、几天甚至数月的时间内连续、实时地监测特定位置的气味状况。

章华始所在的研发团队花了很多时间，终于推出电子鼻的第一代手携式化学传感器。这一技术本深受业界推崇，还上了美国《时代》杂志的封面，公司因此筹到 4000 万美元的风投。可惜的是这家公司没有充分考虑市场应用，最终被一家英国公司收购。

电子鼻的应用其实十分广泛，比如化学武器监测。但这家创业公司从纯技术的角度切入，做出了当时全世界最好的技术却未达到预期目标。他组织研发的另一个产品则获得了成功。2002 年，章华始在圣地亚哥组团，用不到 18 个月的时间研发出一种由氨基酸组成的可生物降解的最新药物支架涂层技术平台，通过动物实验获得验证后，这项技术被作为雏形产品卖给一家大公司，那可是他做的第一个医疗器械类产品。在此之前，心脏病人采用的心脏支架都是裸露的金属支架，手术 6 个月后，有 30%的病人血管会被重新堵住。章华始团队在金属支架上加上了能载药的可降解生物涂层，将手术病人的血管再狭窄事件降低了一半！这个技术后来被那家大公司推向市场，造福天下很多心脏病患者，让他非常欣慰。

他那个时候就认识到，要想让医疗器械被市场接受，研发的时候就要立足市场并想着给病人解决实际问题。这两个产品的不同遭遇给了他以后研发新产品的灵感和启示。

立足市场的需要

信心，源自市场需求的高涨。

章华始在科研领域的成名作是动态血糖传感器（CGM）。他在美国加州的著名医疗器械公司 Dexcom（德康）公司担任研发高级经理时成功研发了世界上最先进的动态血糖传感器，该产品对动态血糖监测领域有着深远的影响，这种传感器在美国所做的人体临床试验中表明，它是目前准确性最高、在体内使用期最长的传感器。

动态血糖监测（CGM）技术曾经是 20 世纪很多科学家的梦想，因为在医学领域，糖尿病堪称“沉默杀手”，它无法根治，能不知不觉摧毁人体健康，降低它杀伤力的途径只有一条——就是通过药物人工控制血糖浓度，使之维持在合理范围之内，以免引起并发症。

然而，最常见最传统的指尖血监测血糖法，只能定时地片面截取血糖变化可能性中的某一点，很容易造成诊断误差，从而导致用药或治疗方法的误差。CGM 的问世弥补了指尖血监测的缺陷，它可以提供连续、全面、可靠的全天血糖信息，发现不易被传统监测方法探测到的高血糖和低血糖，及时发现血糖波动异常，为医生的精细降糖治疗提供了准确的数据和信息。

对他来说，最重要的是给病人研发出一些带来实际好处的产品。他在德康做完CGM，就回国了，虽然个人没得到什么回报，但病人和医院反馈很好。能给患者带来切身利益，这是他最大的满足。章华始之所以对产品充满信心，是因为这是一项非常实用的产品。它不仅能够帮助糖尿病病人把自己的血糖控制好，还可以让病人避免并发症等其他问题。

章华始的妻子是他在南加州大学的同学，2011年就回国发展了，妻子回国后不到一年，章华始也走上了回国创业之路。经过一番考察，他加盟了2003年成立于浙江湖州的圣美迪诺公司，在北京组建了一个全新的研发中心，开始了CGM产品国产化的研发工作。CGM的国产化到底有多重要呢？这么说吧，CGM是一项2000年才开始出现的新兴技术，掌握这项技术的公司，全

2012年，章华始（左五）与研发团队在实验室。

球不过寥寥几家，而且产品价格很高，普通人根本无法承受。只有将它彻底国产化，国人才能用得起。

中国糖尿病病人超过1亿，每年增长的人口超过100万，而其中只有25%患者被诊断，只有约6%患者达到治疗目标。每当想起这些数据，他都觉得自己肩上担着的不仅仅是自己的事业，而是国家的重担。他相信，CGM的推广将显著提高糖尿病人的血糖诊断和血糖的精细控制水平。

目前，圣美迪诺是国内唯一一家从事动态血糖监测且拥有自主知识产权的本土企业，在章华始的主持研发下，圣美迪诺公司的动态血糖产品避开了外国公司的专利壁垒，将中国传统针灸技术引入产品中，通过两根约0.2毫米工艺复杂的植入式探头实现了将诊室搬进卧室的梦想，这是一件多么了不起的事情！

两种CGM传感器技术是不同平台，圣美迪诺是针灸针技术，采用硬针，不需要其它辅助针，传感器能自我植入。而美国德康公司的CGM需要辅助针。他们现在做的这种动态血糖传感器在技术理念上更先进。先进到什么程度呢？先进到这个新产品可以让没有任何护理经验的人都能通过极为简单的学习学会操作，每3分钟采集一次血糖数据，每天采集480个血糖值，患者可以通过传到手机终端上的数据，随时随地监测血糖变化，满足控糖需求。

永无止境的追求

信心，源自永无止境的追求。

不到4年的时间，章华始领衔研发的动态血糖监测传感器已经做到第三代产品，这是他们依据患者需求不断改进的结果。他们一边研发，一边跟医生频繁交流，从医生那里他们知道了一线的需求。这在国外是很难做到的，因此他很感激医院和医生无私的配合。

回国创业，让他发现更新了自我。在国外，他只做技术；在国内，除了做技术，还要做公司高管，还要和投资人谈融资。这不仅锻炼了他的管理能力，而且让他成为一个企业家，企业家就是这样炼成的。

作为企业家，他成功搭建了动态血糖传感器年产百万级的生产线，并完成了其中规模化设备的研发。有一次，团队研发的新品动态血糖传感器进厂试生产时，一些数据达不到预定指标，而留给他们的时间已经不多，必须在几天之内解决问题。他和他团队的几个成员轮流守在湖州工厂一个星期，每天只睡三四个小时，最终发现是生产工艺上的问题，他们松了一口气，只要不是技术上的问题，工艺上的问题好解决。就这样，问题解决了，一个先进的动态血糖传感器诞生了。

2014 年 6 月，在美国糖尿病协会科学年会（ADA）上，圣美迪诺公司亮出了当时全球首款动态血糖监测的专业化手机应用产品 San Meditech mHealth' CGM，它将生物传感器技术、无线传输技术、云计算技术以及 GPS 和 3G 通讯等技术有机融合，患者可通过手机下载 APP 软件，使用该系统进行血糖管理，实现 24 小时无间断守护。而章华始曾经工作过的美国 Dexcom 公司，次年才获美国食品药品监督管理局（FDA）批准，推出首款可实时监测血糖数据的手机软件 Dexcom Share。

动态血糖监测是一个小产业链，这方面人才很少。以往圣美迪诺的主打产品主要是提供给医院，病人需要先住院，然后在医护人员的帮助下使用该产品。现在他们的产品是提供给病人，病人在家就可通过移动技术使用，更加省事，更加方便。从 2012 年开始在 CGM 产品引入移动终端进行研发到现在产品问世，圣

2016年，章华始向采写者展示最新一代CGM产品——仅纽扣大小的动态血糖监测传感器。（余惠敏摄）

美迪诺的技术别说属全国首创，在全球范围内也是领先的。

“自我血糖管理，关键要让病人愿意做、能够做。”为了达到这个目的，章华始从一开始就盯住了智能手机，通过与智能手机的嫁接，让产品不再需要传统显示仪，这自然降低了系统的整体价格，同时让设备更小、更便于携带，使用起来更加方便。说它神奇，就神在传感器探头只有0.2毫米，扎入到皮下监测皮下组织液，跟针灸差不多，病人不会感到特别疼痛。

令人欣喜的是，章华始做出的圣美迪诺公司第三代CGM产品已于2016年10月通过了国家药监局的专家评审会，即将在市场上一展风采。章华始很自信，因为他们的最新一代动态血糖监测仪产品在测试结果的准确性和测试过程的方便程度方面可与国外最先进同类产品一比高低，可价格方面的竞争优势就是国外产品望尘莫及的了。国外产品一般售价 70 美元左右，而他们的产品售价仅为人民币 200 元左右。这就是章华始及其团队带给中国百姓的福音。

业余时间，章华始喜欢看科幻小说。在他看来，人工智能对健康的管理既是科幻小说，又不是科幻小说。说它是科幻小说是因为研发阶段真的神秘莫测；说它不是科幻小说，是因为他们能把它做出来，而且在 10 年至 20 年内他们会让更多的科幻变成现实。

在他看来，亦庄开发区就是他实现梦想的地方。亦庄开发区最大的优势就是它在北京，北京有足够多的人才为企业发展提供支持。最让他想不到的是，亦庄开发区的城市设计也比较超前，道路设计车多人少，刚进来时他感觉跟美国差不多。此外，亦庄开发区的生物医药产业已经聚集成群，形成了集合优势，再加上亦庄开发区在人才的组织联盟上下足了功夫，比如定期组织学术专业会议和创业者聚会，把各种力量聚合起来一直朝前走，他认为不用出亦庄就可以实现产业撮合和智慧碰撞。

目前，章华始及其团队正在和北京化工大学等单位合作开发人工胰岛项目，用传感器技术加上胰岛素泵、算法控制器把动态血糖监测和泵给药结合在一起，希望做到血糖高的时候泵自动给病人注射所需剂量的胰岛素，血糖低的时候泵自动停下来。这个项目已经启程，正在实验室研发阶段。

他们相信，下一代 CGM 产品应该是全世界最领先的。他们已经开始研究如何将人工智能、机器学习概念引入到动态血糖的数据管理中。血糖是生理上的关键数据，动态血糖监测每 3 分钟有个数据出来，必然会形成一个大数据系统。未来，人工智能的电子医生将依据我们的实时诊断数据对大数据进行分析，给患者最靠谱的治疗方案。在全世界糖尿病群体不断增大的时代，CGM不仅是糖尿病患者的福音，还是亚健康人群预防糖尿病的工具。

“病人的需求，就是我努力的方向。”章华始牢记这个信念，正如他的名字：乐章最华彩的部分已经开始。

➢企业家感言

创业，中国人有饥饿感

我和太太都喜欢旅游，在全世界跑了很多地方。我觉得中国现在最大的优势，是大家做事动力很足，比较有饥饿感。整个社会各个不同层面的人都乐意创新创业，愿意冒险，这是中国朝前走的优势。在中国，你可以在比较快的时间内将创新技术转化成现实成果。从创业环境看，国内有优势，最大优势在于垂直方向的植入，从上到下，对创新有很大推动力。从政府角度说，对创新创业的扶持力度很大，关注度、人才、公司等方面都给了很大支持。国内创业研发人员成本相对国外较低，国内的市场也很大，给了大家做事的动力。北京人才很多，但我们需要的专业性人才很缺乏，还需要培养。

知识产权保护方面，虽然山寨版概念比较盛行，但不管是我们还是投资者，对创新方面的要求越来越高，投资者愿意投有知识产权的项目，更鼓励原创，而不是纯粹的山寨别人。

刘国旭：
在中国点亮最美“芯光”

企业家小传

刘国旭，1966年出生，1988年毕业于北京大学，1989年自费留学美国伊利诺伊大学厄本那－香槟分校（UIUC）电子材料工程系，获工程硕士和博士学位。曾师从国际著名的复合半导体材料专家哈迪斯·莫柯克教授，主要研究半导体异质结构及AlGaAs复合材料在分子束外延技术制备下的生长及芯片工艺。在国际知名杂志及学术会议上发表30余篇专业论文，并在著名国际会议上做过20余次学术报告。获5项美国发明专利及20余项中国专利，另有20余项专利在申请中。被聘为国家科技部“863计划”半导体照明工程专家组成员，参与了“十二五”863项目评审工作，并应邀参与编制半导体照明“十二五”专项规划实施方案。先后入选北京市海外高层次人才、北京经济技术开发区海外高层次人才、中关村高端领军人才，国家“千人计划”人才等。

2011 年的刘国旭。

这是怎样的人生轨迹呀——

省重点中学，大学上北大，在美国名校读工程硕士及博士，顺风顺水；

通用汽车、英特尔、朗讯贝尔、北电等，在美国的职场不停地"漂泊"；

有着博士头衔和大公司高管的经历，却与初出茅庐的年轻人毫无二致，把咖啡馆当工作室开始创业，还与房地产中介共用办公室，创业路上一走就七八年……

刘国旭就是这样不同寻常！

国家"千人计划"创新人才，易美芯光CTO首席技术官及执行副总裁。他的办公桌上有只小花瓶，里头没有插花，而是插了一束LED光源。"这是离开美国时，前同事们赠送的离别礼物，是我当时带领团队开发的产品。"

这LED与人们日常生活息息相关。现在，京东方大名鼎鼎，而京东方液晶面板的背光源，就用到了刘国旭的易美芯光生产的LED。

"把LED做成更完美的光源，是我一生的追求。"2009年回国创业的他，已让这朵光明之花在广阔的中国市场里大放异彩。

求学的幸运与职场的漂泊

已经到了知天命之年，回顾半生往事，刘国旭说他一路走得很顺利。

1966 年出生的刘国旭，自幼聪颖多才，爱好广泛。父亲是教师，母亲是公务员，良好的家庭环境为他的成长提供了沃土。他成绩优异，初中升高中时，以当地前三名的成绩进入省重点中学，1984 年轻松考入北京大学无线电电子学系。

那是一个“激情燃烧的岁月”，加之北大的人文传统、文化理念和开放创新精神，使他形成了独立而自由的人格。

“我们那届出了不少很优秀的人，创业的也有不少。”刘国旭说，新浪网创始人、北京点击科技有限公司董事长王志东是他的同班同学，高德导航创始人肖军是睡在他下铺的舍友。

大学毕业时，他放弃了电子科技大学研究生的机会，进入贵州大学做班主任兼数学教师。其实那是“明修栈道，暗度陈仓”，他早已悄悄下定了自费去美国留学的决心。因为他有个姐姐，是 1986 年公派出国留学生，这对刘国旭影响巨大，国外先进的教育与研究机会令他向往。他很快考取了美国伊利诺伊大学厄本那—香槟分校（UIUC）电子材料工程系并拿到了奖学金，于 1989 年赴美留学。

在 UIUC，刘国旭幸运地师从名师。

硕士导师哈迪斯・莫柯克，是世界上半导体材料的鼻祖级人物。刘国旭回忆：“导师敬业、勤奋、严谨甚至苛刻，但很高产，一年可以写上百篇论文。他为我奠定了良好的理论基础和困难面前的适应能力。”在莫柯克教授指导下，刘国旭主要研究半导体异质结构及 AlGaAs 复合材料在分子束外延技术制备下的生长及 HBT 芯片工艺，并参与过美国空军科研基金、海军研究及美国能源部等研究项目。

刘国旭的博士导师是刚从 IBM 退休转当教授的电子陶瓷封装专家戴维斯・维尔卡斯，他专门研究低电介质材料在 CPU 微

2013 年，刘国旭在 LED China 论坛上演讲。

波高速信号线路传输的应用。“我是他第一个博士毕业生，他为我打开了科学与应用结合的大门。让我更多理解如何把所学知识真正应用到产业开发中。他开设了一些动手能力强的实验课程，比如半导体与 IC 封装系列课程与实验，当时美国只有 UIUC 和乔治亚理工学院开设这种课。”

理论基础和实践动手能力，奠定了刘国旭的人生之路，这就是把知识用于产业。加上他担任系学术会议主席时，负责每周邀请一位业界校友返校参加技术讲座，这不仅打通了与业界联系的人脉渠道，而且还锻炼了他的研发能力和沟通协调能力，并潜移默化地学到了企业家精神。

1994 年博士毕业时，刘国旭获得很多面试机会，最终顺利进入通用汽车的电子器件公司 Delco Electronics（即 Delphi），在那里他从项目工程师开始，干了三年。

在一次学术会议上，刘国旭引起美国数字仪表公司（DEC）

一位高管的注意，双方甚是投缘，刘国旭便转职数字仪表公司任主任工程师，他在专业方面的才华得以更好展示。数字仪表公司后被英特尔收购，他随之到英特尔任主任工程师，为公司的CPU倒装芯片（Flip-Chip）UBM薄膜设计及bumping工艺提出了先进方案。

由于英特尔对所收购部门进行重组，为避免工作调动带来的不便，1998年刘国旭辞职后进入朗讯贝尔实验室。在这家著名的公司里，刘国旭主导了当时业界全新的无源光通讯集成器件平面封装的研发工作，申请了多项美国专利，但最大的收获是结识了后来一起回国创业的范振灿博士。

那是美国如日中天的"新经济"时代，也是新兴公司雨后春笋般涌现的时代。2000年，刘国旭和范振灿加盟一家叫CoreTek的公司。作为研发部门总监的刘国旭，他主持开发了具有国际领先地位的MEMS-VCSEL光可调激光器与GaAs调制器集成产品，为公司创造了5000万美元。后来，这家公司被北方电讯收购。

2015年，刘国旭在公园。

在一家光器件公司工作了一段时间之后，刘国旭进入高端LED公司朗明纳斯担任研发工程总监。主持超高亮度 UHB-LED 器件研发，领导团队开发了居世界领先水平的大尺寸单晶片 LED 产品封装技术，单颗器件功率高达 100W，居当时世界单芯片 LED 封装领先水平。其中大芯片白光产品 SST-90 获 2009 纽约国际灯展（LightFair）的技术创新奖。

创业的艰辛与天赐的良机

时光荏苒，一晃就在异国他乡漂泊了 20 年。虽然工作顺利、家庭和睦、儿女双全，刘国旭却始终心有缺憾。"那时我在美国知名企业做到中高层，年薪不菲，经济宽裕，孩子能进私立中学；但自己内心还是中国人，在那边再舒服还是客人。"

与刘国旭同样萌生归国之思的，还有好友范振灿。

其实，早在 21 世纪初，两人就曾想过回国创业，2003 年 10 月，

2015 年，刘国旭在实验室外。

刘国旭曾随美国波士顿华人团队回国参加深圳高交会推介自己的项目，还结识了风投大腕熊晓鸽；但由于当时 IT 及光通信行业处于低谷，而风险投资机构条件十分苛刻，他们不得不暂时放下创业梦想。

归国创业的激情始终在异乡游子心中激荡。

2009 年，刘国旭回国了。包括两个“千人计划”得主范振灿和刘国旭在内的多位留美博士硕士创办了易美芯光（北京）科技有限公司，范振灿任公司董事长，刘国旭担任了公司的副总裁和首席技术官。

“创业很有乐趣。我回来赶上了国家推广节能照明的好时机。”谈起回国创业，刘国旭立刻眉飞色舞。

不过，创业之路并非一帆风顺。

久居他乡，又遇中国史上未有的剧变期，在克服生活和文化上差异与不适的过程中，他们在咖啡馆工作、开会、筹划公司框架，度过了最初的日子。后来，他们有了在北京的第一处办公

2015 年，刘国旭在易美芯光前台。

室，那是怎样的一个空间呀！只能容纳五六个人，并与一家房地产中介机构合用。要知道，他们可都是高层次人才，都是在美国业界闯荡出名堂的“大佬”呀！在这里，他们天天遭受着中介业务员电话销售的干扰，同时也感受着浓重的市场氛围。不久，他们搬到了北京市工信局提供的中关村量子星座，进行产品设计研发，做出了样品；并准备在昌平建厂生产。

幸运垂青有准备的人。那是在一个庆典宴会上，北京市一位副市长问刘国旭，你们的产品能不能保证京东方的使用要求？京东方？那可是大客户！在全球平板显示产业中，京东方规模上位居全球第五位（现居第三）。京东方董事长王东升也表达这一意愿，希望易美芯光成为他们 LED 光源的供应商。

天赐良机。易美芯光决定把公司搬到北京经济技术开发区，与京东方比邻而居。“这边最吸引我的，是国际化的格局和氛围。亦庄的管理跟得上国际开发区的管理水平。”刘国旭说。

易美芯光是以高亮度 LED 封装产品为主体的高科技企业。作为一种半导体固体发光器件，LED 照明散发的是“芯片之光”，它没有气体、不含水银，比传统白炽灯节能 80% 以上，与传统节能灯相比，它也更节能环保、不含有害物质，而且寿命更长、体积更小。

作为技术带头人，拥有扎实的理论功底、多项技术专利、在美国大公司闯荡的经验，刘国旭决心在创新上多下力气，把产品做精做细，实现差异化、高端化，不断提升产品竞争力。他经常提着电脑包来回跑，与京东方的技术人员沟通，根据对方的需求研发产品，解决问题。在产品第一次小批量投产时，他和工人一起熬了个通宵，终于顺利完成了产品上线工作。

“LED 是半导体的革命，让模拟信号变成数字信号，从传统光源变成固态光源。”刘国旭希望把世界上最先进的照明技术引入国内。过去他在美国大公司时，公司的很多美国同事曾对中国市场不屑一顾，认为中国没能力消费这种昂贵的 LED 技术。

“他们错误地估计了中国市场。中国正处于工业化的爆发式发展阶段，半数以上的人口都已城镇化，每年有一半建筑在中国矗立，今天 LED 照明产品超过一半在中国生产。”刘国旭不无自豪地说，易美芯光是国内第一家成功使用激光剥离技术生产大尺寸垂直结构芯片的公司，也是国内最早成功开发 COB 封装和光引擎的企业。这些高端 LED 照明技术以前掌握在国外大公司的手里，现在基本国产化了。易美芯光将很快超过刘国旭原来所在的美国公司，他们甚至考虑对其进行一次收购。

刘国旭刚回国时，子女还是中学生，现在他们都已进入美国大学。“起初子女对我不在他们身边很有抱怨。现在，他们也懂得了事业的不易、创业的艰辛，理解并支持我。学金融的儿子还帮我分析公司的财报，给我提供意见，并鼓励我说，‘爸爸，这是具有挑战、也很了不起的事业。’”

诱人的前景与完美的光源

7 年了！与当年在美国每 3 年就换一家公司不同，刘国旭把根扎在这里。因为这是自己的公司，他无怨无悔地付出并快乐着。

现在，易美芯光已从初创公司发展到稳定成熟增长期，平均年增长高达 30%到 50%，年产值已达 4~5 亿元；

公司在资本市场很受青睐，先后拿到金沙江、北极光、IDG、MayField 等国际风投机构的 7000 万美金风投资金；

公司已成为 TCL、创维、京东方等著名企业的供应商，所研发的 LED 产品在照明光源、电视背光和手机闪光等三大市场中已成为高质量的代表；

易美芯光坚持自主创新，已获得 130 多项国际、国内专利，其中发明专利有 20 多项，还建立了由中国 CNAS 及美国 EPA 认证的 LM80 国家实验室……

"我们的 COB 产品，即板上封装技术是国内领先、国际先进水平。我们的量子点背光技术和 DOB 光引擎技术，都是国际领先！"刘国旭说。

此言不虚，易美芯光的 LED 技术不仅在国内闻名，也引领过国际市场的潮流。

2013 年，华尔街日报电子版就曾以《易美芯光，世界 LED 照明工业的革命》为题，报道了刘国旭团队的成果。当时的主流 LED 产品只能用直流电，大多数国家的电网都是交流电，LED 产品需使用自带整流器将交流电转换为直流电后使用。而刘国旭团队研发的无外置 LED 电源是一种全集成、可调光、可直接使用交流电的集成光引擎。

尽管如此，LED 产品的市场竞争非常激烈，5 年前产品售价是传统光源的 10 倍，5 年后的今天已经下降到和传统光源相当。"技术创新和规模化生产，让 LED 成本迅速下降，这有利于 LED 产品的普及。今市场迫使我们沿着创新方向走，像华为那样一步步走到国际领先水平。我们凭借开发新技术，在市场永远领先同行 6 个月到 1 年，这就是获得较好的利润的时间差。而当别人一窝蜂跟上时，我们又推出更先进的产品了。"刘国旭很是自信。

现在，易美芯光正开发的芯片级封装（CSP）、全光谱光源、紫外 LED、量子点封装等技术，都是蜚声海内外，有许多公司来谈合作。连以蓝光 LED 获得诺贝尔奖的日裔美籍学者中村修二名下的一家美国企业，都找到了易美芯光进行合作！

LED 的市场未来十分广阔，在照明领域，目前全球只有 30% 的光源是 LED。有机构预测，到 2020 年，中国 LED 照明市场渗透率将超过70%，年节电约3400亿度。“LED照明还可以跟可见光通讯、智慧家居等结合起来，开发出更多满足人们需求的智能照明、健康照明产品。”刘国旭说，“我希望易美芯光成为世界知名的光源、光引擎企业，照亮我们的美好生活。”

LED照亮着世界，更照亮着刘国旭的心灵。

企业家感言

创新很重要，但一定要结合市场

美国，创业公司想在纳斯达克上市，只需要看你产品的市场潜力、技术的前瞻性和壁垒，不一定要求销售量。在那里，技术产品的创新性更重要。

但在中国创业，产品是否是市场当下所需要的，能不能卖钱变得非常重要。中国现在也看到了创新的重要性，因为做世界加工厂并不是可持续的发展方向。但我们也不能纯做研发，因为如果产品太贵，不能跟上市场需求，就会影响企业生存。我们两条路同时走，一是持续创新，开发有竞争力的新技术；二是根据市场需要确定产品开发策略，把一两个产品做透做扎实，做到有市场竞争力，这种竞争力不仅体现在性能上还得体现在价格上，给客户带来价值。总之，创新越来越重要，但一定要结合市场。易美芯光将在保持技术领先的前提下，做大规模，这样才能保持比较好的盈利模式。同时，我们将更加关注国外客户与国际市场，我们相信我们的产品终将能够与国外的大厂在一个平台上竞争。

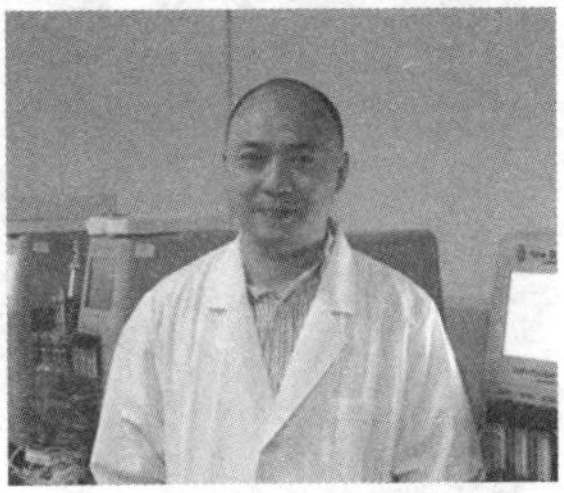

马宁宁：为细胞制药产业开山辟路

企业家小传

马宁宁，美国俄亥俄州立大学生物化工专业博士毕业，曾就职美国著名药企辉瑞公司，历任高级科学家、主任研究员和高级主任研究员，领导开发辉瑞制药最新的单克隆抗体生产工，36岁获得辉瑞公司研发最高奖项“成就奖”。2009年6月，马宁宁回国任北京义翘神州生物技术有限公司副总经理，兼任中国医学科学院协和细胞工程中心副主任，病毒生物技术国家工程研究中心副主任。现任沈阳药科大学特聘教授，北京鼎持生物技术有限公司首席科学顾问。

2016 年 11 月 18 日，马宁宁在 2016 中国生物制品年会上演讲。

37 岁评上国家千人计划，44 岁已参与创办成功两家企业，供职过全球最大的生物制药公司，还担任国家二级教授，在生物圈小有名气，诸多荣誉加身，但却从不主动对外说起。

他就是北京鼎持生物技术有限公司首席科学顾问——马宁宁，曾获生产“伟哥”的辉瑞公司研发最高奖“成就奖”。

马宁宁奉行低调做人，努力做事的原则，棕色的贝雷帽，简约的大衣，尽显年轻与时尚，颠覆了西装革履打扮的传统企业家印象。

与众不同不仅是外在，马宁宁的内心也与众不同，他矢志借鉴人用生物制品的先进技术助推兽用生物制品升级。

淡泊处事：随遇而安

马宁宁从小生活在河北石家庄农村的外公家，他的外公外婆在当地算是大户人家。外公的父亲毕业于保定陆军军官学校，和很多将军都是同学。在当年教育不是很发达的时候，外公家就在当地捐建了石家庄市周边第一所高等小学，并带领整个家族兴办教育。

在马宁宁的印象中，尽管外公家为村里做了很多实事，但是他们从来不在意虚名，而是少说多做，以身作则。从小到大，他从未见过外公家和别人有过争执，也很少有别人上门挑事。农村最是靠着相互评价的价值体系，来维护着古老的社会秩序。外公家的为人处世显然在村民们朴素的价值判断中赢得了尊重，以至于家里遇到些不厚道的指责时，村民们总是尽心竭力地维护外公一家。

成长的经历对人的烙印很深，家庭的言传身教潜移默化地影响着马宁宁。直到现在，马宁宁依旧是随遇而安的性格，奉行着少说多做的原则。

马宁宁总是强调一个人如果要真正获得大家的认可，一定是通过自己所做的事情，而不是仅仅靠一些光环和头衔。所以他愿意把事情做好，希望能够得到别人的尊重。

那个年代，农村出大学生，好像大山里飞出了金凤凰，稀罕的很，而马宁宁正是他们村为数不多走出来的大学生。

因为读书早，马宁宁的年龄一直比同学们小，在学校非常贪玩，不属于学霸。家里也没有天天逼着他学习，马宁宁在高二的时候甚至语文数学不及格，险些留级。可是到了高三，读大学突然变成了非常现实的问题摆在了他的眼前。马宁宁决定要把自己没有学起来的课都补回来！

马宁宁疯了一般跑遍了石家庄市各个新华书店，书店有的辅导书他一口气都买下来，每天捧着五六十本各种各样的辅导书疯狂做题。上课的时候也不管老师在讲台上讲什么，他只顾快马加鞭地学自己的，基本上靠着自学把三年的课程一点点啃下来。

这种方法现在当然不值得提倡，但是当时“亡羊补牢”之下的辛苦付出最终还是取得了成效。高考的时候，马宁宁的分数超过重点录取线十多分，超过班级第二名 50 多分，成为所在班级唯一一个上重点大学的学生，最终被河北工学院录取。

对于这段经历，马宁宁既为自己感到庆幸，又感到惋惜。他认为平时没什么压力，一到关键时候才发力，这是典型的功利主义，不应该鼓励。后来马宁宁到美国留学，很明显地感到清华、浙大等学校的同学非常厉害，他反思他如果早点认识到学习的重要性，从一开始就努力，命运可能又会不一样。可能会读更好的大学，有更开阔的眼界，有更丰富的经历。

出国浪潮劲：鲤鱼跃龙门

大学时候，马宁宁在国内学的是无机化工专业，这个听起来高深莫测的专业被同学们戏谑地解释为“其实就是怎么做化肥”，很多同学毕业后也真的是去了化工厂。

1993 年，马宁宁毕业，赶上最后一年包分配双向选择，可以选择铁饭碗，但 80 世纪 90 年代初前赴后继的出国潮撞击着马宁宁的内心，国内外差距如此悬殊，当时美国无论在经济、科技、文化方面都远远领先于国内，强大的吸引力让一波又一波的人才外流，出国可以申请全额奖学金，不但免学费，学校还给一个月 1000 多美元的生活费。

当时作为“留学生孵化器”的新东方课堂上，万千学子济济一堂，马宁宁也与他们一样内心澎湃，热血沸腾。他形容每次上完俞敏洪的课，浑身都是动力。铁饭碗算得了什么，出国改变命运！这才是莘莘学子的心中所向。马宁宁暗暗下定了决心。

1997 年，马宁宁申请到美国俄亥俄州立大学的全额奖学金，踏出国门赴美留学。当时的他有一种鲤鱼跳龙门的感觉，就像人生的第二次高考一样，这次选择也成为马宁宁人生的重大转折点。他开始接受完全不同的教育体系，个人能力和眼界在这个阶段有了很大的突破和提高，人生命运经此改变。

走出去才发现国外的教育体系和国内完全不同。马宁宁完全没有生物学背景，但是美国开放的教育体系，让他可以徜徉于生物学的海洋。学校有一万门课程，只要是相关专业都可以去申请，马宁宁在国外学的是生物化工专业，像分子生物学、生物化学、免疫学、分子遗传学等课程他都可以跨学院选修。

因为完全没有基础，很多生物学的课程马宁宁只能从头学起，攻读博士的他选修了高年级本科生的课程。得益于非常系统的课程设置，马宁宁很方便地就能了解到这门课程的基础是哪些课程，先选什么课程，再选什么课程，一直到他博士的第三年都还在选课。同时，马宁宁的指导导师也告诉他，已经毕业的学生认为哪些课程是有用的，有些课程可能对马宁宁当时的课题研究没有用，但是对他以后的工作是很有帮助的。灵活而又有针对性的教育让马宁宁在异国他乡可以自由无障碍地学习。

让马宁宁感受最深的是，这所综合性大学提供了非常多的课程，想学哪方面课程，得到的都是专业教育。国内的教育所有学的东西都在课本上，而美国老师有时候不按照课本来讲。这让国内上课习惯了不爱听讲的马宁宁第一次在课堂上认认真真地做起了笔记。

除了日常听讲，美国的课程设置还有实验课。两个或三个人一组，用小鼠做实验。学生们做完实验的小鼠有专人拿走继续代养，下次做实验的时候再拿来课堂上继续下一步实验过程。通过连续的实验，学生们就可以看到完整的免疫反应，更好地理解整个实验过程。这样的教学方式需要花费不菲的费用：养小鼠的房间要雇专人管理，实验课堂上还要请兽医巡视以保证对待动物的操作符合要求，光是人工就需要花费大量的资金，但是美国从来不会因为学生的课程不连续，或者这种实验不方便就不做了。学校传递的理念就是：实验不打折，学到的东西更不能打折。

数载研究：落于应用

在国外，马宁宁研究的重要方向是如何大规模生物制药。虽然他在课题上没有和任何企业合作，但是选题的方向却是业界极为感兴趣的。马宁宁认为，高校的研究，特别是工科的课题，一定要和现实结合起来，产生应用价值，而不是为了发论文。

生物制药最早是利用大肠杆菌作为“工厂”，将胰岛素的基因插入大肠杆菌的基因里，生产出蛋白，然后从中制药。这种利用大肠杆菌的制药方法叫作发酵法。后来，将基因放在动物细胞里生产药物的方法代替了发酵法，实现了从原核生物制药到真核生物制药的跨越。但是这种制药方法面临着产业化的挑战：细胞在组织里才能生产，如果用于工业化生物制药，一个是组织培养必须实现规模化；二是如何创造均一的生长环境，设计适当的搅拌力，让对剪切力极其敏感的细胞能够悬浮生长。

要应对产业化的挑战，就需要让培养细胞的反应器放大，但并不是把不锈钢的罐子做大一点那么简单的。当反应器放大十倍可以培养上万升细胞的时候，要模拟出细胞生长在人体内的状况，要加培养液，要往里面加入氧气，要有搅拌，让细胞保持悬浮均一的状态，器皿外面的温度维持在 37 度左右，里面酸碱度还要维持在 7.0 左右。但是这样一来，营养液如何保持一致、怎么加氧气、怎么搅拌等都成为非常现实的问题。

通过一次又一次的试验，马宁宁对于实现细胞制药产业化的关键问题，如不同的细胞对搅拌的耐受力是多少，多大的鼓泡数对细胞伤害的关系如何，给出了定量的参数。改变了该领域只有定性研究的状况，翻开生物制药新的一页。填补了定量研究的空白之后，企业就可以直接参考数据，精确地卡位工艺流程，实现新药品的量产。

如果没有马宁宁提供的放大策略，单靠企业很难突破这个瓶颈。因为任何一家企业都不可能从事这样的实验：一个大型反应器一个批次的耗材成本就接近 60 万美元，还不能保证一个批次的实验就能成功。而现在有了定量的数据，生物制药企业的实验成本大大降低。不仅如此，因为医药企业药品上市必须实现大规模放大这个环节，所以马宁宁的实验数据可以为所有用细胞生产药的企业所用，满足了全球 70% 的生物医药销售企业的药品上市的需求。

产学研的密切结合，让马宁宁顺利地实现了所学即所用。毕业后的他顺利地直接入驻全球最大的生物制药企业——辉瑞公司。虽然这家世界顶级公司招人非常严格，学历学术背景、性格举止、团队配合等等都在考核范围之内，但是因为马宁宁所专攻的研究是每家制药企业都迫切需要的，所以他毫不费力地进入辉瑞，并如鱼得水地施展开来。

顶级公司：施展拳脚

马宁宁加入辉瑞的当下，已经有很多生物医药企业正在积极向着细胞制药的方向转变。在大多数企业还在小规模生产的时候，辉瑞就开始为大规模产业化做准备，着手建设临床生产线。临床试验需要将反应器从 5 升放大到 500 升，而上市后要将药品卖给更多的人，反应器还要放大到 1 万升。马宁宁到辉瑞后就是负责中试生产阶段，做反应器的放大。

药品要上市就必须降低成本、提高效率，这就需要实现三点：一是做出工程细胞株的效率要高；二是培养液要提供足够的营养，生产出足够的蛋白；三是要实现大规模生产。

马宁宁在工程细胞株的研发环节不断尝试突破。养细胞最早工艺需要加血清，但是血清里可能有病原微生物，风险大，马宁宁就用大豆水解，将其中的复杂的成分作为添加物放在工艺里，但是这些添加物的成分是什么，每种成分要添加多少并不明晰。经过多次失败，马宁宁终于明确了添加物中的化学组分，使得整个技术在可控性上有了质的飞跃。那是2006年，美国的全球化制药公司里，能达到如此成熟技术水平的研究者凤毛麟角。

正是因为学校积累的宝贵经验，马宁宁的学识和研究派上了

马宁宁一笑就露出小白兔般的门牙。

用武之地，他在公司大展拳脚。不仅成长为国际细胞反应器放大的知名专家,而且成为辉瑞单克隆抗体药物工艺开发的领军人才。加入公司 4 年内，他实现了抗体生产的两大平台工艺（CHO 和 NS0）双双达到 5 克 / 升的国际领先水平。较原工艺，抗体产量提高达 2 倍。他也实现了 5 年内沿着“资深科学家→主任研究员→高级主任研究员”这条顺畅的晋升轨道高速上行，并在 2008 年获得辉瑞全球研发最高奖项“成就奖”，是此奖项最年轻的获得者之一。

如果不是在读博士期间，涉猎了课题之外诸多的相关学科基础知识，马宁宁认为自己做不到这些。广泛的知识面、强大的自学能力，让马宁宁在日后爆发了强大的创新力。与此同时，他对中西方不同的教育有了思考：国内的教育相对封闭，所有的考试都有正确答案，但是现实社会是开放的，所有要学的东西不再是课本上呈现过的东西，所有的问题都不知道答案，开放的世界有着开放的问题，需要总体解决问题的能力。正是在读博期间，学习了细胞生物学、生物化学和分子生物学等诸多基础知识，马宁宁才能在面对问题时候有综合的解决方案，这些当时看似无用的知识在后来都派上了大用场。

回国创业：再攀高峰

尽管在辉瑞做得风生水起，但是因为想要追求出类拔萃，实现内心的价值，马宁宁对自己提出了更高要求。他勤奋刻苦钻研专业领域，很多时候实验室已经没有人了，他还在实验室继续做研究。而在实验之外，他还要阅读很多文献，在顶级的学术期刊杂志上发文章。2008 年是马宁宁回国的前一年，他在三个国际会议上做了报告，发了 2 篇 SCI 文章。30 多岁的马宁宁浑身充满了拼劲，他要在技术上成为行业领袖。

科学研究是一个方法学和一个试错的过程，马宁宁曾经在一个工艺开发的项目上，做了一千组试验，前前后后做了将近两年的时间。尽管 90% 的试验不成功，但马宁宁觉得这些试验不能说失败的，只能说它们代表的那些路是行不通的。科学研究本来就既需要质又需要量，质指的是方法学，量指的是需要大量的试验。要捅破这层窗户纸没有捷径，必须经过大量的积累才能突破。做任何事情都有瓶颈期，每当马宁宁处于瓶颈期的时候，他都会静下心来认真想一想，然后提醒自己这是发展的规律，必须要坚持，只有坚持下一次突破自己的瓶颈期，才能赢得成功。

每当实验进行不下去的时候，马宁宁非但不沮丧，反而有些兴奋。他认为，不容易成功说明这个项目不简单，有门槛。有门槛是好事情，如果没有门槛谁都可以做，就没有优势，遇到门槛只要能攻破，就能赢得竞争优势。

马宁宁在美国做的事情并不是生物制药的重头，生物制药的重头在药物本身，他希望更多地参与到制药的全链条中。随着中国医药市场的快速扩张，他相信中国的医药产业即将迎来飞跃式的发展。作为特聘教授，马宁宁专注于抗体药物新靶点的验证，同时进行产业急需的现代生物制药工程人才的培养。

鼎持生物在亦庄开发区致力于兽用生物制品的升级换代，一直得到亦庄管委会的大力扶持，作为鼎持生物首席科学顾问，马宁宁认为兽用生物制品将与人用生物制品一样，从简单的转瓶生产向大规模悬浮生产升级，从而在生产效率、产品质量控制以及产品一致性上追赶国际先进。马宁宁也指导鼎持进行兽用生物新产品开发，如兽用单克隆抗体和基因工程疫苗，充分借鉴人用生物制品的先进技术。马宁宁认为兽用生物制品将迎来一个质量提升、产品升级的爆发期。

企业家感言

期待从模仿到创新的跨越

国内生物制药行业，正处在腾飞的前期，爆发的前夜，涌现出很多药企，其中不乏优秀的企业。尽管国内很多药企现在还是以生物仿制药为主，而且一些仿制药的功效并没有国外做得好，但是要客观看待这个问题，这是一个发展阶段，也是一个比较自然的阶段，可以先进行模仿，再实现创新。我们需要看到，目前国内仿制药还没办法进入国际市场，跟国际要求的仿制药产品有差距。我们期盼着国内的药企有一天能跨越到创新品种，也可和国外大药厂合作开发，以分成合作的形式取得成功，充分利用资本市场，瞄准国际，争取在更大的市场取得成果。此外，还需要培养更多的专业人才，这些人才在培养过程中需要涉猎更广泛的学科基础知识，让他们成为未来行业强大的创新源泉。

白先宏：
创抗体新药“亮剑”癌症

企业家小传

白先宏，中国抗体产业的开拓者，享受国务院特殊津贴专家，国家科技专家库专家、国家科技奖励库专家、中国医药生物技术协会单克隆抗体专业委员会副主任委员、北京市科学技术委员会专家库专家、北京市大兴区商会副会长。于2000年创立百泰生物药业有限公司，主要从事单克隆抗体药物的研究、开发、生产和销售，建成了目前国内规模最大、设施最先进的单克隆抗体研发和产业化基地，创造了三个国内第一：国内第一个抗体人源化技术平台；国内第一个哺乳动物细胞大规模培养技术平台（抗体产业化平台）；国内第一个人源化单克隆抗体药物尼妥珠单抗“泰欣生”。

白先宏在办公室接受传媒专访。

昨天还是科技部官员，今天已是生物医药创业企业佼佼者。

知天命的年龄，你会预测到自己的成功吗？

你敢用8年时间从头再来，再创辉煌吗？

白先宏做到了，他抱着对攻克癌症的"不死之心"，使出了"洪荒之力"，终于打破"中国三十年都不会生产出抗体来"的魔咒，找到了能与恶性肿瘤做斗争的单克隆抗体，为他数位被癌症夺去生命的至亲"报仇雪恨"。

"癌症高发区的生命梦想"

白先宏的家乡在山西省长治市襄垣县，那里的人们对于癌症这个生命终结者并不陌生，尤其是胃癌和食管癌，在沿着太行山两边的河南林州和山西长治一带是癌症高发区。

在这些地方，很多人才刚迈入四五十岁，正当壮年之时，却要面对死神的召唤，忍受着病痛的折磨，整日吃不下饭，直到美好的生命、幸福的生活被癌症一点点消磨殆尽。

在白先宏的印象里，这些罹患癌症的老百姓很少去治疗，因为缺乏有效的药物，治疗的费用也是一笔不小的负担。白先宏的亲人中就有不少得食管癌去世，他体会过绝望的滋味，并且打心眼里盼望能找到治疗癌症的药，挽救这些患者的生命。

多年前的愿望如今终于成真。白先宏于2000年创立百泰生物药业有限公司，主要从事单克隆抗体药物的研发、生产和销售，这种药物主要用于治疗恶性肿瘤和免疫性疾病。虽然单克隆抗体研究已经有 100 多年历史了，但是直到 20 世纪 90 年代末，才能真正做成药物为人们所用。

人体自身免疫系统就能产生抗体，但是当感染非常严重的时候，抗体就会在和感染物质战斗的过程中败下阵来，疾病产生。如果给人体输入外部生产的抗体，从而增加抗体数量和抵抗能力，就有可能战胜疾病。抗体的研究、开发和生产涉足免疫学、分子生物学、基因工程、细胞工程等多学科的交叉和综合，其研究开发具有很高的技术含量，研究过程非常复杂。其生产过程也需要生物工程和化学工程等最前沿的高技术支撑。单克隆抗体药物被人们赋予生物制药领域宝塔尖上的明珠。

抗体药物具有其他药物不可比拟的独特优势，如靶向性明确、生物利用度高、毒副作用小、疗效显著等，已成为人类攻克恶性肿瘤等顽症最有希望的药物。正因如此，抗体药物发展速度惊人，在 20 个世纪末，单克隆抗体每年的销售额全球只有 3 亿多美元，短短不到 20 年时间，现在全球销售额已经达到 1000 亿美元，成为生物制药发展最快的领域。在全球医药销售排名前十位的产品中，有 6 个是单克隆抗体，最好的药物每年能销售 140 多亿美金。

看准了单克隆抗体药物的富矿，各路资本争先恐后来抢滩。而对于资本实力雄厚的跨国医药集团，并购成为快速切入抗体产业的捷径，2002 年，安进公司 160 亿美元收购 Immunex 公司，目标为抗体融合蛋白 Enbrel；2008 年，礼来 65 亿美元收购英克隆，目标为抗体 Erbitux；2009 年，罗氏 468 亿美元收购基因泰克剩余 44% 股权，而后者凭借美罗华、赫塞汀、阿瓦斯汀三个抗体重磅炸弹，市值超过 1000 亿美元。

抗体药物生产集中于跨国巨头手中，美国凭借其先进的生物工程技术基础和雄厚的财力与人才资源在该领域遥遥领先。基因泰克生产的美罗华抗体药物500毫克要2万多元人民币，病人用抗体药物一个疗程就要花费20万元人民币。

这些，白先宏看在眼里，急在心里：如果我国不能生产出自己的抗体药物，面对价格昂贵的进口药物，老百姓的负担会更重。一定要通过扩大生产规模和持续技术创新，进一步降低药物生产成本，使价格昂贵的抗体药物成为寻常百姓也用得起的药，并推动进口抗体药物调整价格政策，促使我国更多的中低收入患者也能够分享抗体药物这一现代医药发展的最新成果，为老百姓的健康事业尽一己之力。

"研发中国自己的抗体药物"

曾经，很多外国专家都认为"中国三十年都不会生产出抗体来"，白先宏偏要选择这个领域攻克。

在20世纪90年代后期，在科技部工作的白先宏组织参与了中古生物医药科技合作项目。他在考察古巴时意外地发现古巴原来是世界生物技术领域的佼佼者，当他发现古巴正在研究开发的鼠源抗体可以有效地用于器官移植抗排异治疗后，他开始对抗体药物产生了兴趣。

当他发现美国和欧洲已经研发出治疗癌症的抗体后，宛若多年来寻寻觅觅的那缕曙光终于出现在地平线的边缘。他想起了母亲、外祖母、祖父、伯父这些被癌症夺取生命的亲人，想起了母亲去世前自己束手无策的绝望，他决定一定要解除更多人的痛苦，在抗体药物领域做些实事！

2000年，白先宏主导和古巴合资成立了百泰生物药业有限公司，以作为中古双方合作开发抗体药物的经营实体，研究开发重组人源化抗人表皮生长受体的单克隆抗体。当时，单克隆抗体的核心技术和工艺主要掌握在为数不多的跨国医药公司手里，这些公司对单克隆抗体的相关技术严格保密，百泰生物只能逐步探索、蹒跚前进。

抗体按照其发展轨迹和技术属性分为鼠源性抗体、嵌合抗

2010年，白先宏在第十四届北京国际生物医药产业发展论坛上作主题演讲。

体、人源化抗体和全人源抗体，人源化抗体的技术难点在于它要对抗体分子的氨基酸进行改造，使之成为极其接近人体自身的蛋白质。而任何氨基酸的改变都可能影响蛋白质结构、活性，因此需要不断进行实验求证。

白先宏一出手就要挑战抗体技术的最高境界，做人源化单克隆抗体。

经过多少个日日夜夜的艰难探索，百泰生物终于开发出国家I类新药"泰欣生"，这是我国第一个人源化抗体药物。"泰欣生"的问世用了近十年的时间，它填补了国内哺乳动物细胞大规模培养生产蛋白药物领域的空白，也填补了国内人源化单克隆抗体领域的空白。

泰欣生是世界第三个被批准用于治疗实体瘤的癌症治疗药物，人源化程度高达95%，居全球领先水平，主要用于治疗鼻咽癌、食管癌、胰腺癌、非小细胞肺癌等，疗效显著，安全性高，副作用小，为广大癌症患者的康复带来了新的希望。

百泰生物药业成为国内第一家生产单克隆抗体药物的公司。在白先宏的带领下，百泰突破了一系列长期困扰我国生物技术产业发展的技术壁垒，建成了目前国内规模最大、设施最先进的单克隆抗体研发和产业化基地，建立了国内第一个抗体人源化技术平台和国内第一个哺乳动物细胞大规模培养技术平台（抗体产业化平台）。

50岁创业，8年磨一剑

政企分开以及某些制度的调整，让白先宏经历了人生的重大转折和巨大挑战，他从科技部官员转变为一个生物医药企业的创业者，在年过半百的时候，用8年的时间重新开始，从头再来。

他向着抗体药物这个陌生的领域出发，开始第一步寻求融资。由于当时国内没有相关企业，他请教了一些国内的生物技术专家，而专家对单克隆抗体也还没有概念，给出的建议是准备三五千万的资金量。可谁知道实际开发药物的过程三五千万远远打不住，而是需要几个亿的资金。

为了找钱，白先宏想尽办法，找了很多银行、风投机构、国内企业，希望他们投资，但是很多人都觉得这个项目听起来不错，但是企业没有厂房、没有设备、没有新药证书，最终都拒绝投资。实在没办法，他就几十万、几十万地找钱，在关键时刻，古巴方面投了 1100 万美元，依靠这些钱白先宏艰难起步。

为钱操心，一直是贯穿于白先宏创业期间的不变主题。因为一直只有支出没有收入，即使充分节流，第一笔投资还是很快用完，2004 年，公司的财务状况更是接近崩溃的边缘。

因为生物制药的周期长、风险大，银行出于资金安全的考虑，不愿意给白先宏贷款。他陆续谈了五六十家单位找资金，大都无功而返。有一次终于谈好一笔六千万的投资，第二天对方就反悔决定不投了，这对白先宏而言无疑是巨大的打击，"感到脑袋一下子就炸了"，他的人生从来没有如此需要钱。

过一关算一关，过去的司长不得不放下身段，打电话到处借钱。以前是别人来向他汇报，希望得到他的支持，但是现在白先宏处处在求别人，方方面面都要打交道，哪怕居委会的老太太都能管他的企业。

更让白先宏为难的是，放弃了优越的条件，背上了沉重的负担，白先宏听到了太多不理解的声音，回到农村老家，甚至有人对他说，你好好的干部不当，怎么干起这个了。你这总经理就像北京七月天的西红柿，那是一簸箕一簸箕卖，几毛钱就能买到一大堆。白先宏感受到巨大的心理落差，"个中滋味只有自己能够体会。"

这样的日子不是一天两天，而是整整8年。在资金上，常常今天的开支应付走了，明天的工资又不知道从哪里来。资金以外，土地、设备和人力资源，都是非常有挑战性的事情，创业的道路充满艰难险阻，白先宏每天还要面对从人人称羡到人人拒绝的角色转换。

漫长的8年，白先宏也彷徨过，但是他说服自己，不要因循守旧，要去创造去创新，要有面对挑战的心理承受。当时有很多人在房地产领域做得风生水起，但是白先宏不为所动，自认为从中国科技管理的最高部门出来，如果去倒卖东西，搞房地产，也许能挣钱点，但这不是他想要的，他还是希望从高科技方面有所突破，依靠技术创造新的东西。

如果这8年的漫长的考验没有坚持下来，白先宏认为自己就彻底完蛋了，幸运的是他扛住了压力，最终取得了成功。2008年百泰拿到生产许可证，通过GMP认证后，许多资本纷纷前来投资，情况逐渐好转。回顾一路走来的不易，白先宏认为可能年纪大的人创业会比年轻人更有韧性，更能经受失败。锤炼的时间长了，忍受能力自然就强了。"适者生存，必须适应社会的环境。"

白先宏战胜了自己，也赢得了尊重。很多老领导提起老白，都赞不绝口，"50岁从局机关出来，能干成事情，还能干成企业，真是不简单！"

"创新是企业发展的动力"

白先宏的公司最早在怀柔注册，因为那里的地比较便宜。后来随着企业的发展，怀柔的基础条件渐渐跟不上了——企业需要双回路的电，一年四季都需要供热，但是怀柔没有这样的条件。

虽然怀柔的领导做了很多努力，但是仍旧不能满足企业需求。

后来，白先宏来到北京经济技术开发区（简称亦庄开发区），发现这里有双回路的电，有供热，而且开发区的管理者高瞻远瞩，对项目比较看好，觉得这是真正高科技的项目，专门在中心地带拿出 30 多亩地支持，还给了几百万元研发经费支持。

白先宏成为亦庄开发区比较早入驻的企业，企业经过多年的发展得到了亦庄开发区的大力支持。白先宏有什么困难和问题，亦庄开发区都会积极解决。

有一段时间，电缆断了，正在培养中的细胞都是在一定温度下保存的，这样一来有可能细胞死亡，会损失几个亿的产品。他们找到亦庄开发区领导，经过和供电局紧急协商，当晚及时送上了电，避免了经济损失。

白先宏谈到此事，至今心有余悸，感叹多亏了亦庄开发区，企业的供电问题才能得以解决。

而平时没有困难时，亦庄开发区的管理则尽量减少对企业的干扰。良好的环境和高质量的服务吸引了大批生物企业入驻，在这里形成一个完整的产业集群。白先宏的企业也成为亦庄开发区较早见效益的企业。

白先宏认为，企业应该是社会经济活动里最重要的细胞，没有企业，经济无从发展，企业作为创新主体应该把技术承载起来，转化成产品，这是一个企业的使命，企业家要增强社会责任感。企业家组织了这么一个企业，为几百人提供就业岗位，要想到为国家、为社会做出自己的贡献。

尽管制药行业的挑战很大，但是白先宏坚定地要在中国制药上做出一番事业来。

白先宏将公司每年 15% 的收入投入到研发里，并广纳贤才，在他的企业里，生产人员只有 40 人，研发人员却有上百人，其中有海外回来的博士、在国外研究机构从事研究的人员、国内的一些有经验的研究人员，公司大部分员工是硕士以上的学位，公司的科技管理部和商务部甚至还有两个"博士后"。

白先宏常说，没有新的产品，公司拿什么支撑，老产品总是有生命周期的。因此他非常注重创新，当前企业正在开发 EGF 疫苗，这是一种治疗肺癌的疫苗，与此同时，企业还在研发治疗关节炎和牛皮癣的新药。真正从跟踪模仿走上了自主研发的道路。

虽然在别人眼里，白先宏已是功成名就，但白先宏每天依旧还要学很多新东西。每天早上 5 点，白先宏就起来看新闻、看微信、查邮件，关注医药领域又有什么新进展。

白先宏深刻明白，企业要创新，尤其对生物制药的企业来说，这点更重要。

生物新药，作为 21 世纪很重要的创新领域，正在展现出比较广阔的前景，很多老药厂都转向生物医药领域。没有创新就没有企业的生命，没有企业发展的动力，对白先宏他们来说，关注创新，坚持创新都是企业发展所必需的。

企业家感言

技术创新迎接挑战

国家拿出不少钱来实现医保和大病统筹，一定程度上解决了看病难、看病贵的问题，这是社会发展的重要标志。同时，国家对医药行业的要求越来越高，希望更多的好药新药挽救患者的生命，可以说，我国医药行业发展进入了新的发展时期。

中国在基础研究领域以及一些技术开发上与国外还有很大差距，当前很多企业还在做仿制药，这是必然要走的路，只要开发质量过关，能解决很多问题，快速提高制药水平。但是长远来看，还需要扎实的科学研究和技术开发的活动，这里面重要的载体是企业，企业的技术开发是非常重要的。

过去国家的研究经费大多投向研究院所、大专院校，对企业投入较少，现在企业有机会获得支持，应该把握机会。企业更靠近市场，以产品和市场为导向，它的研发目标更加清晰，对我国的科技进步、技术创新，企业会有很大的贡献。

吴小兵：
行走在学术与产业间的先行者

➢企业家小传

吴小兵，博士、研究员、博士生导师；北京五加和分子医学研究所有限公司首席科学家；北京瑞希罕见病基因治疗技术研究所所长。主要研究方向是病毒载体的研究和应用。曾获卫生部科技进步一等奖、国家科技进步二等奖、北京市科学技术二等奖；2012 年被评为北京经济技术开发区建区 20 周年十大杰出人物。一位长期专注于病毒载体研究的学者，一位行走在学术与产业之间的先行者。不但是企业家，还是关注产业布局整体发展的产业公益事业推动者。

吴小兵的生活信条是“真实而美好”。

没有挑战的事儿，她不做；

崇尚一个人最大的财富是所能达到或者感受到的智慧，其他都是身外之物；

最理想的休闲人生是“半日闲”。

她，是北京经济技术开发区人才最高奖项——博大贡献奖的首位女性获得者吴小兵，北京五加和分子医学研究所有限公司首席科学家，北京瑞希罕见病基因治疗技术研究所创始人。

她，为了实现将科技转化为生产力的梦想，不断转换身份。

她，遇到过挫折，却从不言退，总是换个角度重新来过。

把科技转换为生产力

吴小兵，衣着朴素，笑脸盈盈，银色的细框眼镜背后，一双眼睛明亮有神。她讲起话来条理清晰，带着浓浓的学者气息。在学生眼里，她既是科研一流的导师，又是能和他们玩到一起的“孩子王”；在丈夫眼中，她是能干的经营能手，也是热爱公益的“烧钱”伙伴。

她沉浸在生命科学的广阔天地，向着未知的领域上下求索，她经营着自己的公益事业，做着各种“有意思、有意义”的事情。

北京宣武区（现西城区）迎新街100号是中国疾病预防控制中心病毒病所旧址，那是一个吴小兵曾经慕名而往、却不期留在那工作了15年的地方。正是那里，奠定了她所有病毒学的基础，引导她开展病毒载体和基因治疗研究，并让她有幸结交了终生难忘的良师益友。

1996年，吴小兵博士进入病毒学研究所病毒基因工程国家重点实验室做博士后研究，参与了应用于基因治疗的新型病毒载体的研制。她在前人的基础上，带领课题小组经过反复尝试，终于攻克了腺相关病毒载体制备关键技术。

吴小兵当时并没有想去申请什么奖项，但她的合作导师侯德云院士知道这个成果很有分量，正是在侯院士的鼓励下，这项技术成果得以申报，最后获得了1999年国家科技进步二等奖。这为吴小兵之后创业做病毒载体元件的开发和应用打下了基础。

做好病毒载体是基因治疗的关键技术，也是吴小兵病毒学的研究成果。她喜欢基础医学，爱科研，一直抱有一种观点：学医的当医生才是“修成正果”；而她自己学医却没当医生，所以必须要做成另一个事——做技术研发、做新药。2000年，吴小兵带着病毒载体技术成果来到北京经济技术开发区创建了本元正阳公司。

本元正阳公司专门做病毒载体及应用，是国内进入基因治疗产业最早的一批，在国际上也颇有名声。本元正阳原本是很有潜力的一家基因技术企业，但是因为他们当时做的事情可能太超前，又正逢基因治疗行业的低潮期，2005年，公司被北京医药集团控股。但正是在这5年多的时间里，“科技转化为生产力”的实践把吴小兵从一个纯粹的科学家变成了有企业家眼光的学者。

2005年，40岁的吴小兵支持丈夫董小岩博士再次创业，创办了五加和分子医学研究所有限公司，专注于做病毒载体技术创新。在五加和，吴小兵带领团队再一次开展了多项技术创新，把科研成果落地到产业应用中。创新之一是用腺相关病毒载体携带乙肝病毒基因组做成了高效制备乙肝病毒动物模型的新工具产品rAAV8-HBV1.3。

只要给正常成年小鼠注射一针rAAV8-HBV1.3，就能百分之百产生持续感染的乙肝病毒动物模型。这个模型相比之前的转基因小鼠更稳定，可以用于研究乙肝病毒变异，也可以用于评价抗乙肝新药或疫苗。

之前的转基因小鼠由于是从转基因受精卵发育而来，从娘胎就自带了对乙肝病毒蛋白的耐受，对有些指标的评价不适用。五加和公司研制的这种乙肝疾病模型已经被科研单位和药物研发企业广泛采用，被大家称为“乙肝的 AAV 模型”。

中国是乙型肝炎大国，开发治疗乙肝的药物是继新近丙肝药物成功之后，国际国内药企竞相争夺的热点。吴小兵这个模型也吸引了包括罗氏、强生、恒瑞等国际大药企的关注，并被大量订购用于研制抗乙肝药物。

这项科研成果不仅推动乙肝药物研发的进步，本身也带来可观的经济价值。5 年的实验室成果一下子换来上千万元的年收益。这就是科技成果转化的神奇之处，也是“实验室经济”的神奇之处：虽然诞生于实验室这个很小的空间，却可以因创新而创造出如此巨大的价值。

做企业当然是要盈利的，但是吴小兵的经营理念与常人不同。她更认同的是默克二世的一句话，“做药是为了治病救人，能做出好药，财富就会跟随而来”。这个理念激励着她和团队，从她看来，做基因药物与其说是做一种能赚钱的新药，不如说是为实现一种“一劳永逸”治愈基因疾病的理想。

梦想有间自己的实验室

吴小兵从小看了很多描述科学家发明创造的故事，使她对做科研充满热情和梦想，她一直梦想着能有一间自己的实验室，因为实验室里面有太多未知和巨大潜能，可以把工作中产生的很多想法付诸实验。

创建五加和公司后，为了建中试车间，丈夫和她商量，决定把自家的房子卖出去一套。她很理解和支持，但婆婆知道卖房的事后非常不赞成，她吓得不敢吭声，全凭丈夫去做工作。但是夫妻俩都很确信，这就是他们所喜欢的且要做一辈子的事。直到现在，吴小兵对于卖房建实验室一点也不后悔。

对于看似疯狂的举动，吴小兵有她自己的理解。她认为支持丈夫最好的办法就是支持他的理想和事业。房子是身外之物，没有房子可以租房子住，可以有了钱再买。房子远没有追求理想来得重要。对于丈夫在不惑之年二次创业，仍怀有舍我其谁、不撞南墙不回头的精神，吴小兵有一种发自内心里的敬佩，在行动上给予大力支持。就是这种相互扶持，五加和公司克服困难建立了自己基因载体生产平台，展开了广泛的合作和服务。

随着基因时代的到来，国际上基因治疗再次回到中心舞台。五加和公司抓住了产业发展的机会，在基因药物制备和药物质量评价方面建立了体系，步入了发展快车道。

不管在研究所还是自己创业，吴小兵一直坚持亲自做实验，因为灵感总是在工作中和实验中突然闪现，再忙她也要抽时间去看看，动手做做。实验室对她来说，不仅是工作、科研的地方，简直就是她难以离开的一片乐园。

做科研的有两种人，一种是做实验才来实验室的，另一种是没实验做也待在实验室的，吴小兵属于后者。在这里她可以为她那些“不靠谱”的想法设计实验，虽然有挑战、有未知，但值得尝试。吴小兵的办公室常年放着一张折叠床和一架动感单车，工作和休息都乐意待在实验室，实验室的日子里没有上下班。

如今，吴小兵已经离不开她的实验室，在那里，她向着生命科学的前沿领域不断探索。她不但享受每一步成功带来的惊喜，也品尝每一次失败过后的艰辛。身为创业者，把科研成果转化为应用是她的追求，但她对科研的热爱更多是出于对未知的探索，挑战难题给她带来满足感。跟丈夫董小岩博士一起创业的时候，吴小兵说她其实并不喜欢老想赚钱的事情，倒更喜欢“花钱”。做创新做探索少不了花钱，所以还是需要有人挣钱。做研发就要做有创新的项目，真正有创新有意义的项目一定是可以挣到钱的。

探索产学研“融合”管理经

46岁那年，吴小兵离开了病毒研究所，成为北京亦庄生物医药园管理公司的副总经理，从卫生部直属的事业单位转到了国有企业，从科研转到了科技园区管理，一切都是那么新鲜。

科学家、企业家、投资人、政府人员，如何将这四种人的思维和智慧交汇于园区大平台，吴小兵希望从这种思维的碰撞甚至冲突中有所感悟。

刚来的时候，医药园还是一个刚刚完成基建、到处都是脚手架的大工地。吴小兵她们都在总公司楼里工作，2个月后才搬到医药园。到2011年10月18日园区正式开园之前，管理公司和几个参与园区建设的兄弟公司一起经历了一段工作节奏超级紧张、又令人兴奋和期待的时光。在这段时间里，她们结识了园区的第一批创业者。而现在在医药园里已聚集100多家企业了。

在亦庄开发区，吴小兵逐渐适应了管理者的角色，在园区管理和平台建设上摸索出自己的一套管理方法。她们除了吸引企业入园创业以外，还开展了搭建分析测试、工艺研发、中试、小动物寄养、生物试剂物流等平台，组织企委会发起联盟，开展产业论坛和产学研合作，探讨开放式创新模式，探索区域间合作模式和国际合作等工作。此外，她们在创造富有挑战性的工作岗位，为更多的年轻人提供一个发展自我和施展才华的

2016年，吴小兵在拉萨。

宽阔舞台。

经过本元正阳和五加和，从做企业到管理生物医药园，吴小兵发现企业存在一些共性的需求和问题，独立解决成本高，甚至无法解决。本着“聚集资源，协同创新”的理念，她在2013年发起成立中关村美中生物技术产业集群创新联盟（BCI联盟），担任理事长，希望以此打通企业间的联系，做企业服务，建设产业生态。

她们联盟可以帮企业招人才，对接资金，搭建技术交易平台，知识产权培训，做公共技术服务平台。她们买来设备，创业公司的一些实验可以委托给她们做，这样可以节省设备投资。吴小兵原本是一个教授，不懂园区，也不会招商，但后来她发现，当做好这些服务之后，自然而然会吸引大批企业前来入驻。

吴小兵就像是一个强大的黏合剂，努力联合园区的产学研三大领域力量，不断整合资源，创造出更大的价值。除了搞科研、创业和管理公司，吴小兵还在自己的研究所一边做研发一边带学生。她认为，技术和产品研发除了高端人才，还需要更多年轻人加入，在产业人才培养上，她应该有所作为。

她促成了北京石油化工学院制药工程系卓越工程师班与北京亦庄生物医药园共建医药园班。将学院的部分生产实训和生物技术课程直接挪到了园区来，由企业技术骨干来给同学们上课。这个医药园班至今已经连续办了三届，受到了学校和企业的一致好评。

2015年夏天，7名北京石油化工学院的学生组成了一个学习小组，由吴小兵亲自指导，在五加和和瑞希罕见病所实习和做毕业设计课题。在她的精心指导下，他们完成实习和毕业设计工作，顺利通过毕业论文答辩并获得学士学位。看着学生们的本科论文，她笑得很开心，很满足。

除了本科生实习和毕业设计指导，吴小兵博士还促成了BCI联盟与北京化工大学生物工程和制药工程专业联合开办在职硕士生班的合作，为企业员工不脱产学习提供深造的机会，成为企业留住人才、培养人才的新渠道，受到生物医药企业的欢迎和好评。

在7名学生中，吴小兵发现马文豪同学对生物技术研究很有兴趣，经常晚上还在实验室工作或看书，师生俩脾气相投，就收他为徒，工作之余，吴小兵悉心辅导他考研复习。终于功夫不负有心人，马文豪同学2016年考上了北工大的硕士研究生。吴小兵跟马文豪的导师商量合作培养这名学生，硕士生课题就选罕见病的基因治疗方向。非常欣慰的是，7名同学中还有2名留下来工作，一位叫武志杰，毕业后留在了北京瑞希罕见病研究所工作，另一位叫姜山，留在了BCI联盟工作。

带着一群孩子做实验，吴小兵就像孩子王，她喜欢跟他们"玩"，经常给他们发微信红包。吴小兵说起实验室的学生时，自己也变成了孩子一样分享与朋友的日常趣事。

"通过实践集群价值来实现个人价值"是吴小兵的价值取向，也是BCI联盟的价值取向。她们联盟专做不容易做的事情，凡是别人能做的，她们都不去抢。作为园区管理者，吴小兵知道怎么把资源用在刀刃上。BCI联盟全称是中关村美中生物技术产业集群创新联盟，其中美中是美丽中国的含义。联盟属于非营利性社会团体，本质上是一种产业公益，但所营造的产业生态滋养了整个产业。

一片丹心投身健康公益

在经历教授、创业者、管理者的身份转换后，吴小兵没有想到自己在50岁的时候迎来了人生的又一次转弯。

2014年12月，她见到了一位3岁小女孩的妈妈秦可佳。小女孩被确诊为一种罕见的儿童中枢神经系统退化症Sanfilippo综合征（MPS3A）——一种由单基因缺陷引起的发病率仅为十万分之一的遗传代谢病，这种病会导致小女孩一步步失去已获得的语言、行动甚至吃饭的能力，让她的生命止步于 12~14 岁。孩子像鱼缸中的小鱼，无论怎样呐喊，外面的人看不到也听不到，这正是秦可佳的切实感受。

秦可佳疯狂地查找一切跟 MPS3A 相关的资料，大量翻译国外医学论文，联系转化和临床医学中的科学家、医生，了解到 Sanfilippo 目前无药可医。执着的她并不放弃，飞去巴西参加第 13 届世界 MPS 罕见病大会，欣喜地发现很多科学家正致力于基因疗法的研究，甚至有国外研究已经进入临床试验。当她几经周折找到吴小兵，她将自己的希望寄托在了吴小兵的身上。

被秦可佳的执着感动，吴小兵决定和秦可佳共同创办国内第一家专注于罕见病基因治疗的非营利性科研机构——北京瑞希罕见病基因治疗技术研究所。小女孩的名字“瑞希”成为研究所的名字，MPS3A 的基因治疗则是研究所第一个立项的研究课题。

国内缺乏投入科研的慈善基金，在商业资本的逻辑下，公益是罕见病研究无可奈何的选择。罕见病的市场很小，很难获得商业资本的支持，但这些患者也有人权，有接受治疗的权利。罕见病是人类的疾病难题，吴小兵希望可以用技术手段去攻克难题，帮患者找到一丝希望。她们现在做的都是极其罕见的单基因遗传病，在医学上值得写上一笔，就像通往这些未知领域的路和桥，她们先开一辆三轮车上去探索，走通了以后希望会有更好的坦克车、装甲车跟上来，越来越好。

罕见病研究所注册资金 70 万元，一半是吴小兵自掏腰包，其他来自她的朋友们和罕见病家庭，这 70 万元对于罕见病研究而言只是杯水车薪。美国一家机构的罕见病研究，光一项 MPS3A 病人的疾病自然进程观察研究就用去了 68 万美元。缺资金的时候，吴小兵就用自己的钱贴补。罕见病研究的投入周期长，研究进展缓慢，但吴小兵仍然乐观，丈夫很支持她，他们的理念是一致的，对于罕见病研究，他们坚持能推动一步是一步，能推动半步就半步，只要做技术，吴小兵相信还是能遇到可持续支持的资金。

从产业公益到科技公益，尽管困难重重，吴小兵却一直在坚持。慈善是帮助弱者，公益则是帮助自强者，吴小兵是搞科研的，她要用科技知识去帮助别人，理解这个产业、帮助这个产业，哪怕很烧钱，也要做下去，因为她做的事情很有意义。

女科学家的执着追求

吴小兵这个名字，听起来像个男性称呼，而吴小兵性格里确实有男性的坚毅和爽朗。小时候吴小兵被家里当成一个男孩养。

因为身体弱，常生病，一周要请假三四天，那时父亲就让她休学，去上业余体校，后来她的长跑、游泳、篮球样样都超过常人，参加过各种年级、校级和市级比赛。

正是父亲的影响，吴小兵从小就不觉得自己是柔弱女子，骨子里透着一股不服输的劲儿。跟大部分的小孩一样，吴小兵也立志当科学家，与小伙伴们不同的是，吴小兵对自己想做的事情非常执着，遇到困难也从不轻易放弃，最终如愿以偿，成为一位生物医学研究者，并致力于病毒载体和基因治疗技术的突破，为人们找到战胜病魔的武器。

作为一位母亲，她爱自己的孩子，只要孩子在家，吴小兵就一定会下厨做饭，儿子对她的介绍是“我的妈妈是博士，但是会做饭”。但更多的时候，吴小兵的生活重心并不全是孩子和家庭。

每个个体都有他的价值追求，很多女性是通过培养孩子去实现个人价值，但是吴小兵觉得，生命如此可贵，无论女性还是男性，都要通过自己去实现个人价值，在一生中应该自己亲自体验这种追求价值的过程。她喜欢自己的事业，这一生就是想追求智慧的极限，即使达不到这种极限也要去试着理解，到更高深的领域去。

从研究所教授到创业公司合伙人，再到生物医药园管理者、公益研究机构负责人，吴小兵的人生经历了多次转弯，每一次她最看重的是能不能做自己喜欢的事情，能不能追求自己认同的意义，能不能实现个人的社会价值。

她用每一次转弯的半径，正在描绘一个美满的圆，这个圆关联着健康，这个健康正在形成闭环。

➢企业家感言

放弃没有挑战的事儿

那些年我跟着先生董小岩一起创业，走过的路，有太多艰辛和付出是他承担的，而我就像一直在海边走的人，看了一路海和一路风景，有幸有了很多人生的体会和感悟，让我的人生充满了意义，我只有满心的感激。

我特别赞同犹太人的一句话，一个人最大的财富就是他受的教育、掌握的智慧，其他都是身外之物。人生无外乎两种生存哲学：一是求稳，工作做到驾轻就熟，然后安享成果；一是求变，在做工作变得程式化时，就会感到不安想寻求挑战。我是第二种人，特别喜欢挑战。

最理想的休闲人生是“半日闲”：半天在实验室里做实验；半天与朋友交流学术思想。于我来说，拥有私人实验室的感受就像富人拥有高尔夫俱乐部，有三五个志同道合的朋友一起享受实验室人生，便是退休后的理想。同样，把工作、家庭、生活，协调在一个比较和谐的氛围里，人生亦如俱乐部。

吴汉明：

芯片虽小乾坤大 “老吴”伏枥志千里

企业家小传

吴汉明，中科院研究生院等离子体专业博士，美国加州大学伯克利分校半导体等离子体工艺专业博士后，拥有多年Novellus、Intel等公司的研发工作经验。在国内外主流刊物和会议发表论文100余篇；拥有发明专利80多项。曾任国际半导体技术大会（CSTIC）主席，曾获“北京学者”“全国杰出专业技术人才”“全国十佳优秀科技工作者”荣誉称号。曾任中芯国际集成电路制造（北京）有限公司先进技术研究处技术处长，中芯国际技术研发副总裁，现任灿芯创智微电子技术（北京）有限公司总裁、执行董事，兼任国内多所大学客座教授。先后三次获国家科技进步奖。

2010年，吴汉明在中国国际半导体技术大会上发言。

“尺寸虽小乾坤大”，用来形容芯片再准确不过，方寸之间蕴含的信息化关键技术关乎国家经济安全、信息安全等诸多大局，堪称国家产业和国民经济的“芯”脏。

吴汉明——原中芯国际集成电路制造（北京）有限公司先进技术研究处技术处长，和这小小的“芯”脏打了一辈子交道。

2001 年，再度从美国回归故土的吴汉明就扎根在了有“中国芯片制造业排头兵”之称的中芯国际，成了芯片研究领域名副其实的技术核心，带领一众科研骨干在中国芯片研发道路上砥砺前进了十几年。

如今吴老虽年过花甲、从中芯国际岗位上退休，但依然停不下来。他跟随“大众创业、万众创新”的国家脚步，果断开启了的全新创业征程——专为小企业提供芯片设计服务。

看得出来，吴汉明是个紧跟时代且极为聪明的技术人才。然而，这个极为聪明的技术人，也有着起起落落的求学经历。

缺席高中的“学霸”　从定义 Y 开始

谁能想到，中科院研究生院等离子体专业博士、美国加州大学伯克利分校半导体等离子体工艺专业博士后——吴汉明，却从来没有上过高中。

在那个年代，刚完成初二学业的吴汉明作为知青，插队去了农村。1973 年工农兵大学招生启动，吴汉明插队所在公社的领导推荐他去参加高考。考大学，对于只有初中文化程度的吴汉明来说简直是“天方夜谭”。抱着碰碰运气的心态，吴汉明报考了苏州一所中专技校，专业是火车司机。

没有复习资料就借、看不懂就问，一连两个月挑灯夜读，走上考场的吴汉明发现当时的高考试卷要比自己想象的简单。最终,高考成绩优异的吴汉明被中国科技大学的招生老师一眼相中，调走了档案。于是，这个“准火车司机”带着初中文化水平的底子，来到了中国科技大学，先攻读化学专业后调剂到物理专业。

高考的胜利给了吴汉明莫大的信心，不过随着大学课程的开启，基础知识的缺失成了他求学的一大短板。

一次，大学老师在课堂上利用方程式进行讲解，将未知数

2014 年，吴汉明（第二排右起第四个）与同事参加运动会。

定义为 Y。当时只有初中学历的吴汉明从未见过这样的方程式。于是，吴汉明直接在课堂上大声问出：“为什么要定义 Y 而不是X？”结果引来全班同学哄堂大笑，他自己也被弄得面红耳赤，至今念念不忘。

“好面子”的吴汉明备受打击，深切体会到自己与同学的差距，暗下决心奋发图强：学校要求兼修英语课程，他就把每篇英文课文都背下；课后题不管老师要不要求做，他都一道不落的做完；在其他人忙于政治活动时，他是班里唯一点着蜡烛学习的……吴汉明还特别感谢他的老师，“要不是老师帮着开小灶补基础，我也不可能这么快就赶上大部队。”

功夫不负有心人。大二之后，吴汉明终于不再是那个“初中生”了，同班同学也开始向吴汉明请教问题。

1976 年大学毕业以后，吴汉明被分配到中科院物理所工作，研究等离子体核聚变方向，基础扎实的吴汉明逐渐受到物理所领导的赏识。只可惜受制于当时特殊的社会环境，大多数人对于科研工作并不十分重视，吴汉明也没能在研究中发挥更大的作用。不过，吴汉明并没有放松对自己的要求，勤于钻研、保持学习热情，经常用所学理论研究分析一些物理现象。在物理所的两年，吴汉明还坚持每天早上收听国际广播电台学习英语，为日后出国留学奠定了语言基础。

1978 年，国家第一批研究生招考正式启动，吴汉明报考了中科院力学研究所。当年，报考该所的考生上千名，最终只录取 60 人。吴汉明就是这 1/60，也是年龄最小的研究生。1987 年，吴汉明又完成了力学所博士研读，成为全国第一批博士，在学术的道路上越走越远。

两出国门　只为最好的技术

在吴汉明看来，充满着自由学术氛围的中科院非常适合喜欢研究的自己。

"如鱼得水"——吴汉明这样形容那段岁月。不负时光、时光也不曾辜负他，吴汉明在这里完成了不少重要的学术研究，改变他人生轨迹的研究著作也出自于此。

一个偶然的机会，吴汉明发现了伴随雷暴天气一同出现的球形闪电。通过长期观察和研究，年轻的吴汉明用物理学理论给球形闪电做出了方程式分析，并将写就的论文寄给了美国流体物理杂志社。"真是一个令人惊讶的结果！"当时杂志社的编辑这样回复道。

这是吴汉明最得意的研究成果之一。凭着这篇论文，吴汉明第一次出国作报告。在国外，吴汉明第一次真正接触到了学术研究领域的最前沿，出国留学的想法由此而生。

1989 年，吴汉明考取公费出国留学资格，目的地英国。吴汉明对此并不满意，他认为等离子研究领域的前沿在美国，而不是英国。之后，吴汉明多次游说领导，要求前往美国深造。"既执着于等离子研究，也要对国家每个月发放的 400 美元生活费负责。"吴汉明靠着这股"初生牛犊不怕虎"的拼劲，最终还是为自己赢得了去往美国奥斯汀大学的机会。

在美国奥斯汀大学完成一年学业之后，吴汉明转而申请前往美国加州大学伯克利分校继续深造，只因为那里有全美甚至全世界最先进的半导体等离子体工艺专业。

就像当时初入中科大一样，在伯克利大学，吴汉明也经历了从"学渣"拼成"学霸"的痛苦蜕变。伯克利大学做博士后期间，导师需要精通C语言的助手，便询问吴汉明有没有学过C语言。从来没有接触过C语言的吴汉明心机一动，居然应承了下来，玩命似的边学边用，最后还真做成了。

"差不要紧、补回来就好"的不服输的精神和要做就做最好的韧劲，支撑着吴汉明完成了第一次留美之旅，拿下了博士后研究。

1993年，吴汉明学成归国、回到中科院力学所继续开展研究工作。研究不仅需要人才，更需要经费，捉襟见肘的研究经费让吴汉明头疼不已。为了钱，吴汉明大胆叩开时任院长周光召的办公室，开口就要20万的科研经费。这可是一笔大数目，要知道，当时一个研究所一年的经费也不过几百万元。没想到，周光召院长不仅拍板同意了，而且第一笔经费13万元也在一周之内到位。这让吴汉明铭记至今，老一辈科学家对年轻科技工作者的支持和关怀令他感动不已。

在力学所期间，吴汉明主攻等离子反应器研究，发表了论文、评了职称、也分了房，是中科院最年轻的研究员之一。吴汉明对此并不满足："只是发了几篇文章、申请了几个专利。没有产业环境，产品没法落地，一身本事无处施展。"

1995年，吴汉明放弃了北京的一切，二度前往美国，高薪受聘于一家企业完成等离子模型以及工艺制造的模拟仿真工作，年薪达6万美元。1998年，不服输又爱挑战自我的吴汉明前往全美最好的公司英特尔，做起了等离子模拟工作。

回家 人生才算步入正轨

2001年，中芯国际创始人、中国的半导体教父张汝京前往硅谷，为在上海浦东建成的8寸芯片厂招兵买马。一直苦于在国

2013年，吴汉明（前中）在北京市科学技术奖励大会上登台领奖。

内没有用武之地的吴汉明感觉到，机会来了。

而真正触动吴汉明的是，张汝京在一场演讲中说：“我来自台湾，拿的是美国护照，但我深爱着中国，在座那么多的华人，尤其是来自大陆的朋友，难道不该回国报效国家吗？”

这一刻，吴汉明知道，自己该回家了。

那一年，吴汉明放弃了在美国的机会，毅然回国加盟中芯国际。用他自己的话说，“人生这才正式步入正轨”。

2001年，吴汉明负责的0.13微米刻蚀工艺研发工作，遭遇了集成电路双镶嵌工艺制备互连线的技术难题。当时国内的主流技术是铝互连，没有一家公司会做铜互连。如果这个技术难题攻克不了，中国芯片永远都进入不了纳米时代。

为此，吴汉明广纳良才、从零开始组建团队，招徕了一支由年轻博士为主的专业技术队伍。他认为有博士学历的人，要比别人更容易静下心、花四五年的时间来完成一件事情。而且芯片技术都是苦力活，没有耐性也吃不了这碗饭。

两年后，吴汉明的团队率先在国内实现了铜互连的 0.13 微米成套工艺开发。之后，中芯国际的纳米技术快速发展，接连跨越了多个技术代，中国“芯”真正进入了纳米时代。

“十一五”期间，吴汉明主持了国家重大专项中的“65-45-32 纳米成套产品工艺研发”项目。这是我国在集成电路行业史上投入资金规模最大（共投入 31 亿元人民币）、难度跨越最高（65-45-32 纳米三个技术代）、参加单位最多的成套工艺研发项目。

该产业化成果获得北京市 2012 年科技进步一等奖和 2013 年国家科技进步二等奖；他个人在 2013 年被评为北京市首批“北京学者”。在第五届全国杰出专业技术人才表彰大会上，吴汉明亦获得了“全国杰出专业技术人才”称号。

对于这些外在的荣誉和赞赏，吴汉明显得非常平静。在他看来，芯片产业的技术难度之高、产业链之长，是任何一个产业都没有办法比拟的。整个产业链从铝开头，设计、制造、封装，里面是没有个人英雄主义的。这些成就，一个人担不起，没有整个研发团队的共同努力就什么都不是。吴汉明只是做了他能做的、喜欢做的事，也只是起到了协调、带动整个研究团队的作用。

吴汉明经常这样说：“那些认为‘谁谁谁推动了中国集成电路的发展’的说法都不可信。市场有巨大需求，企业有研发平台，国家有政策支持，换作其他人也一样能做出来。”

在一个专业领域潜心钻研二三十年，吴汉明逐步搞清了芯片的制造、装备、设计三个关键领域，发表了 100 多篇论文、拥有 80 多项专利，是我国芯片领域中不可多得的全能型专家。不止这样，吴汉明在中芯国际还深入接触中国市场，将芯片技术和市场需求结合起来做成产品的经历更让他受益匪浅。

服务双创　续写人生新篇章

记录不断被刷新，差距却依然巨大。即便中芯国际在国内独占鳌头，但相比国际顶尖企业的先进技术，中芯国际仍然还是一个时刻都不能放松的追赶者。

在吴汉明看来，目前中国芯片制造产业"喜忧参半"——喜的是中国芯片制造业从无到有、发展从慢到快；忧的是中国芯片和世界先进技术的差距还是太大：当中国企业还在研究 14 纳米芯片的时候，国际顶尖企业已经在 10 纳米芯片领域实现了产业化。

在芯片研发领域有个著名的摩尔定律，当价格不变时，集成电路上可容纳的元器件的数目约每隔 18–24 个月便会增加一倍，性能也将提升一倍。换言之，每一美元所能买到的电脑性能，每隔 18–24 个月就会翻一倍以上。信息技术的发展之迅速，芯片研发的技术竞争之残酷，可见一斑。

核心技术买不来，只能靠自主研发。而我国芯片制造行业就是缺乏核心技术的研发能力。这背后有人才的问题、有经费的问题，但更多的是体制政策问题。吴汉明认为，做研发的都关起门来做，对技术市场即将发生和已经发生的变化不敏感、反应慢、不灵活，浪费了不少良机。另外，国家之前对集成电路产业的扶持政策也不够。

不过令吴汉明欣喜的是，现在中央非常重视芯片研发产业，将其定位为战略性基础性产业。国务院发布的《国家集成电路产业发展推进纲要》中明确提出，拿出 1200 亿元人民币的发展基金支持芯片制造业。

如今，已过花甲的吴汉明从中芯国际退休，不服老的他却学起了年轻人创业，要当个实干家。不得不说，搞了几十年的芯片研发、干了十几年的芯片产业化的吴汉明，看市场的眼光还真独特。

在"大众创业、万众创新"浪潮推动下，中小企业迅猛发展，它们对芯片设计服务的需求也与日俱增。不过这些数量有限又很烦琐的小订单经常无人接手，大企业看不上、小作坊搞不定，中小企业的芯片需求只能"委曲求全"。

看见这样的企业困境，吴汉明果断上手，一手创建了"灿芯创智"芯片公司，专门为小公司提供设计服务，而且依然选择在北京经济技术开发区（亦庄）注册。这么多年，吴老对亦庄的一花一木已经有了感情，亦庄对中芯国际大力扶持的举措让他信心满满，2016 年 10 月，"灿芯创智"（BriteIP）在亦庄开启项目启动会，旨在将其打造成为芯片设计的公共服务平台，专为中小企业服务、为双创服务。

目前，"灿芯创智"已与中芯国际、灿芯半导体（上海）有限公司、香港科技大学、中科院微电子所、中科院上海高等研究院、北京大学、清华大学等机构建立战略合作伙伴关系。

当年，因定义 X、Y 而闹出笑话的吴汉明，已经开始定义自己的人生 Z 轴，他期待着中小客户可以在 BriteIP 平台上获得一条龙式的服务：从 IP 选型、IP 销售、技术支持、规格制订、前后端设计、芯片级设计、Foundry 代工厂加工到封装测试等。BriteIP 将以创新的思维，利用资源共享，以小博大，创造中国自主 IP 产业的特有核心竞争力。

企业家感言

不负光阴，无辱使命

这些年回国从事芯片研发，虽然收获满满，偶尔也有“怅然若失”之感。特别在企业工作中，我不能再像过去在美国搞研究一样、由着自己的性子来，必须把技术与市场相结合、与客户需求相结合。

有时候难免被客户“牵着鼻子走”、陷入思维困局。再加上芯片研发领域每隔18–24个月更新换代一次的高速发展态势，都让我们这些本就处于“追赶者”地位的中国芯片研发者倍感压力。

还好，我们并没有被困难吓倒，反而越挫越勇、潜心钻研，克服了一个又一个技术难题、实现了一个又一个行业突破，让中国芯片与世界的差距越来越小，有的研究成果还被美国高校经典教科书采用。

这一路走来，痛并快乐着。

如果人生可以重来一次，我还是愿意再走一遍。

这样的人生，不负光阴，亦无辱使命。

魏世峰：

助中国药剂登世界高峰

企业家小传

魏世峰，本科毕业于北京大学医学部药学院，博士毕业于美国明尼苏达大学药学院。曾先后在美国的罗氏制药公司（Roche）、诺华制药公司（Novartis）、强生公司（Johnson & Johnson）等国际著名制药公司担任资深研究人员或高级管理人员。现任北京罗诺强施医药技术研发中心有限公司联合创始人、总经理、首席科学官。领导团队开发了缓控释、复方药物、难溶药物、不稳定药物、吸收受胃肠道环境影响药物、微含量药物等技术平台。领导的研发新制剂技术平台，可用于开发国内外首创的药物制剂产品。

2010 年，魏世峰在办公室。

一本书，改变一生；

一席话，影响一世；

一个背影，铭记永远；

一次回眸，以身相许；

……

百废待兴中成长起来的魏世峰，为了老师们的一句叮嘱，拿出了一生去实现，这种信念源于八十年代的理想精神。

30 年前一席话影响一生

魏世峰的家庭世代行医，不但父母、兄弟在医疗一线治病救人，而且各个丹心妙手，连太太和儿子也是学药学出身，并有名校高学历傍身。

从小生活在医生世家的魏世峰耳濡目染，作为“文革”后第一届大学生（77 级），他怀揣青春梦想，走进了位于学院路的北京医学院（现在的北京大学医学部）。

在这座国内医学最高学府里，有诸多国外留学归来的老教授，他们不但教学严谨扎实，也带来了国外先进的医学成果。魏世峰一边在知识的海洋里徜徉，一边也被中外制药方面的巨大差距所震惊。

就是在那 80 年代初期，魏世峰了解到，当时中国在做原料药方面已具有很高水平，却没有出口制剂产品，都是出口原料药（化学成分）和化学中间体，到现在也类似以原料药和中间体出口为主。

原料药和药物制剂产品的区别就像纺织布匹和设计成衣。原料药只是药物产品的主要成分，不能直接被服用，不但附加值低，其生产中的排放对环境还造成污染。

药物制剂就不同了，它是医药研发最后阶段的产品，能使原料药即活性成分更好地发挥作用，提高治疗的效果，为患者减少痛苦，使产品达到至少两年稳定，而且附加值高，不会对环境造成污染。

在国外，药物制剂属于核心技术。跨国制药公司为获得更多的利润空间，以期拖延仿制药上市时间，很少发表文章介绍其产品制剂及工艺。

“改变中国药品出口主要依靠原料药和中间体的局面，争取中国药物制剂产品出口。”30 年前，在北医课堂里，诚静容教授和魏树礼教授的话一直萦绕在魏世峰的心里，挥之不去。

这是一个痛点，激起了魏世峰的斗志，使他确立了奋斗方向，踏上了药物制剂研究的漫漫征程。

使中国医药与世界一流技术接轨，让中国药物制剂走向世界渐渐升华成一个信念，影响了魏世峰的一生。

走出国门勇攀“药剂”高峰

1982 年，魏世峰大学毕业后，在北医药学院物化教研室任教并做了一段时间研究工作，但是平静的日子里，他的内心却抑制不住波澜起伏。作为老师和研究者，他了解药物制剂新技术很多都是国外发明的，就连想要参考更高级的书籍，也大多是美国出版的。当年老教授们的殷殷教导常在耳畔回响，要实现它，就要继续向着制剂科学的高峰攀登。

通过出国进修回来的老师介绍，国外大学研究生体系，可以通过考试获取奖学金。当时人们更多的是公费出国，对自费出国的门道还摸不清，为了能出去深造，魏世峰着实努力，考了托福、GRE，然后申请美国大学研究生院，通过了各种材料审核，最终获得了出国机会，并获得明尼苏达大学的全额奖学金。

在明尼苏达大学，魏世峰师从药学院院长班克尔教授。这是一位著名的制剂专家，在美国乃至全世界都赫赫有名，甚至可以称得上美国工业药物制剂学的“鼻祖”。当时班克尔教授刚从美国普渡大学来到明大担任药学院院长，魏世峰有幸成为导师来校后的第一个博士研究生。

班克尔教授行政工作非常忙，与魏世峰的交流更多是通过汇报研究工作而展开，而实验室的工作魏世峰则需要独立完成。

2015 年，魏世峰在国际仿制药峰会上演讲。

即便如此，魏世峰仍然取得了令人骄傲的成绩。

他在一次实验中观察到异常现象，发现在应用高结晶度的原辅料进行药物制剂研究的过程中，很难获得预期结果，他进一步深入研究,在一步步解决问题的过程中打破了传统的制剂技术，发现低结晶度具有更优秀的制剂特点，获得了新的技术发明，同时在研发过程中开发出可以产业化的制备工艺。

魏世峰的实验引发了新的研发方向，他的研究成果最终获得了两个美国专利，他也因此在毕业后获得多个美国知名制药公司和大学助理教授的聘书，这在该校药学院研究生里史无前例。以至于魏世峰博士毕业后，制剂结晶度的研究方向越做越深，涉及很多领域，很多班克尔教授课题组的博士研究生以此为课题方向，进一步深入研究。

收获跨世纪的跨国友谊

20 世纪 80 年代初期，中国学生去美国时，当时中国物质条件与现在不可相比，美国巨大的文化、生活等差异让魏世峰感到迷茫。怀里揣着 35 美元的他什么也不知道，什么都不敢买，连基本的生存都成了问题。尽管申请到了明尼苏达大学的全额奖学金，但是每年 6000 美元的奖学金当时看似很多，实际上交完学费就所剩无几了。

魏世峰在美国的生活非常拮据，为了解决生活问题，他在大学的国际学生办公室的广告栏找到当地一个美国家庭，以帮助房东做家务的方式换取免交房租的优惠。

魏世峰客居的美国家庭热情好客，只有一个被他亲切地称为老大叔的房东，已经 80 岁高龄，需要有人在家帮忙做一些铲雪除草的活儿,而老大叔的女儿玛丽和女婿麦罗,住在20公里外,分别是儿科医生和放射科医生，他们也希望魏世峰能够帮忙照顾老父亲。一来二去，魏世峰与玛丽和麦罗一家建立了深厚的感情，他们也通过这个机会第一次了解了一个年轻的中国学生。

魏世峰是改革开放后国内第一批去美国的留学生，那时美国家庭对大陆来的人还完全不熟悉。魏世峰刚到美国英文不好，前2年每次做学术报告前，玛丽和麦罗夫妇都热情提出专业意见。

然而，通过5年多的努力，玛丽和麦罗一家惊喜地发现，这个当初不起眼的小伙子竟然博士学成，研究成果还获得了专利，刚毕业就接到多个美国知名的制药公司和大学聘书，就连明尼苏达人民引以为骄傲的当地最大的3M公司也向他伸出了橄榄枝。穷小伙变英雄，成了踏足世界五百强、美国最大的综合性公司之一的高级研究员，与5年前的自己相比，魏世峰发生了天翻地覆的变化。

玛丽和麦罗一家看到了魏世峰来美国求学所经历的这一切变化，因此，魏世峰还特别在博士论文感谢页中感谢玛丽和麦罗一家的帮助。玛丽和麦罗一家骄傲地向同事朋友介绍着这个中国学生，魏世峰博士生涯的事迹很快通过玛丽和麦罗一家在明尼苏达医生圈子里传开，甚至有医生拿魏世峰作为励志榜样教育下一代。

直到现在，魏世峰还与玛丽和麦罗一家常常联络，虽然远隔重洋，但是割不断这深厚而又珍贵的跨国友谊。老大叔通过魏世峰看到了一个中国学生的刻苦，并被他不畏困难刻苦求学的精神所感动，因此，在魏世峰毕业之后，老大叔跟中国留学生非常亲近，以至于在老大叔去世后，他的一部分遗产专门建立一个基金，面对明尼苏达大学中国留学生联谊会。直到今日，这个基金还在资助着明尼苏达大学的中国留学生。

率队研发“五弹”甩掉对手

毕业后的魏世峰接到企业、高校的工作邀请，但是考虑到工业界是开发产品的，想要致力于研究制剂技术、开发新的药物产品的魏世峰最终加入世界前十强之一的罗氏制药公司。

从 1985 年到 2011 年，魏世峰在美国多个制药公司工作，他从技术岗位一直做到企业高管，在大的制药公司里开发出很多个销售额超过十亿美元的大产品，分别在肿瘤心血管疾病、糖尿病、中枢神经系统的治疗中取得明显疗效。他还开发了聚乙二醇干扰素注射剂的配方和工艺，用来治乙肝丙肝、癌症和艾滋病。

干扰素是一种人体自有的免疫因素，用来对付各种细菌病毒或者外来病因引起的疾病，由于“寿命”短，医学上如果用干扰素进行治疗，需要多次注射，每次注射，患者就经历“流感”状副作用。罗氏制药公司是第一个将干扰素产业化的公司，也是不断将干扰素制剂升级换代提供其临床价值的领跑者，现已研发

2014 年，魏世峰（前右二）和部分公司同事在亦庄生物医药园留影。

出第五代制剂产品——聚乙二醇化干扰素（可延长干扰素在体内的时间，达到一周注射一次，降低注射“流感”状副作用，显著提高治疗效果）。

魏世峰全程参与了该制剂的研发，他是该制剂的学术带头人和项目负责人。

在罗氏上市第一代干扰素制剂产品后，很快美国另外一家大制药公司也参与到竞争中来。为了领先竞争，魏世峰带领团队开发出了下一代干扰素制剂,很快竞争对手也开发出相应的产品，竞争胶着、激烈。

魏世峰快马加鞭，带领团队开发出一代又一代的制剂产品，不断技术领先，提高临床价值，优化临床疗效，直至第五代才将对手远远甩在后面，奠定了竞争优势。在魏世峰和团队的努力下，罗氏聚乙二醇化干扰素销售曾达 30 亿美元。

在大健康产业里，有很多神秘的领域，许多未知的产品需要被开发。在研发过程中，魏世峰也经常会遇到各种困难，有的是现有的技术和经验都克服不了，有的问题是好几个月都解决不了，魏世峰每天都在不停地思考分析原因，经过坚持不懈的研究，他总能找到关键所在，以全新的思路找到解决问题的途径，开发新的技术。

魏世峰常说，这是科学研究的常规路径。研发人员的日常生活就是这样，需要永远不断学习，培养独立研发能力，要有悟性，确定真正的核心问题,研究出解决方案,克服各种各样的技术问题。

在美国做企业高管期间，魏世峰并不轻松，从选题、立项到研发，最终将技术和产品销售出去，他都要参与和操心。也是在这期间，魏世峰学会了从商业角度出发，以市场的眼光抓准产品开发的切入点，开发药物潜在的临床价值。

美国的制药产业链条相对完善，在回国之前，魏世峰在一家药物制剂研发公司担任副总裁负责研发，开发的产品技术取得阶段性成就后，就转给大制药公司获得现金和未来产品的收益。

在魏世峰看来，美国的公司有包容的心态，特别是对技术领域的人才非常包容，对技术和产品有很高的要求。使得他们的技术、产品不断往前推进，很多技术和产品大多源于外国人才的贡献，各国人才的集聚使得美国大企业可以不断开发出新的产品来，而且都属于创新型革命性的新药物。这一点对魏世峰启发很大，在后来的创业中，魏世峰很好地吸收了外国人才，在自己的研发团队里，就有 4 名科研人才来自印度。

归国创业实现大学夙愿

从 30 多年前的北京医学院课堂，到大洋彼岸的美国明尼苏达大学校园，再到世界著名制药公司罗氏、强生、诺华的实验室，魏世峰始终不忘自己所从事的领域，国内外还存在巨大差距，而要改变这种现状，他觉得自己应该做点什么。

意识到国内的药物制剂和工艺需要升级，才可以达到和国外同等药物疗效一致、质量一致。中国缺药物制剂的技术，如果能回国做出成就，就可能完成深埋在魏世峰心底的夙愿，使得中国的制剂走向世界，而且是代表高技术水平走向世界。把高价值、高利润留给中国，拓展人才培养空间，让中国患者受益，魏世峰感到机会就在眼前，毅然下决心回国发展。

2011 年，魏世峰在北京经济技术开发区成立了北京罗诺强施医药技术研发中心有限公司（简称罗诺强施）。公司所在的亦庄开发区，聚集了许多生物医药企业，产值占北京生物医药产值一半以上，国内许多著名制药公司在这里入驻，形成聚集效应，方便行业内的沟通交流。

亦庄开发区给予了魏世峰大力支持。得益于北京经济技术开发区优惠的人才政策，魏世峰被评为开发区亦麒麟人才，给予罗诺强施创业初期的实验室房租补贴，并且帮罗诺强施解决了不少燃眉之急，亦庄管委会还牵线搭桥，介绍了很多投资公司和行业企业给罗诺强施，帮助企业对接。此外，亦庄生物医药园还与魏世峰合作共同运营公共服务平台制剂中试基地，有了这个基地，所有园区企业不需要买设备，只需付费使用就行，而魏世峰的企业罗诺强施也可以通过制剂平台提供技术服务而获得一部分现金流，一举多得。

经过几年的发展壮大，罗诺强施取得了令人羡慕的成就。企业在成立后两到三年的时间里自主开发了一种心血管药物。在此之前，同类的心血管产品只有进口药。在魏世峰领导下，规避国外制药公司的专利，申报了四项专利，研究出自主知识产权的药物，同时这个产品可以实现国内国外市场药品申报上市的双报，填补国产药的空白。由于技术先进和成熟，罗诺强施将产品转让给北京的一家药企，实现一次中试成功，又在位于印度的通过美国 FDA 核查的临床中心做临床生物等效实验，取得一次通过，现在正在美国 FDA 食品药品监督管理局进行申报。魏世峰团队体会到了所开发的制剂技术第一次成功地取得了药物制剂向美国出口的喜悦。

罗诺强施开发的这个药物主要治疗高血脂，如能在国内上市，将大大降低患者的药品开支。由于罗诺强施的技术得到了验证，其另一个产品也进行了在中国和美国市场的技术转让，获得了技术转让费。

魏世峰常说，自己回国办企业的宗旨，就是要使得中国制剂尽快与世界一流技术接轨，提高中国药物制剂技术层次，使得中国老百姓使用的药剂也能达到国际水平，能接受严格标准的考核。

从 2016 年开始，罗诺强施实现了收支平衡。魏世峰最大的优势是核心技术：他拥有十个具有自主知识产权的技术平台，依靠这些技术平台及其组合可以开发出众多药物制剂产品，时至今日，他已申报包括国际专利在内的13个专利，其中6个发明专利已授权。

魏世峰拿出自己企业开发的药片和美国的同样药品比对，无论药效还是外观，都可以与之媲美。他知道，这粒中国制造的小药很快就可以走向世界。

企业家感言

创新改变未来

创新不论学历，不拼人数，不看年龄。靠的是带头人的视野和胸怀，我要做这只领头羊，带领着团队不断创新，用创新改变中国制药的未来，走向世界。

创新，是要研发别人所没有的。一个问题越不容易找到解决方案，越不容易被人想到，就越应该去钻研创新。每天带领团队开发的技术问题和产品都属于创新，只有创新才能获得更领先的竞争优势，取得更好的回报，带来更好的疗效和临床的价值，解决疾病，惠及百姓。国内非常需要创新，特别是医药行业，拥有大量的尖端人才，应该最大程度应用研发人员的智慧，更好地发挥他们的作用，使得中国制剂技术走向世界主流市场。

罗诺强施具有独特的血液，这里有宽松的氛围，洋溢着活跃的思维，迸发着灵感的火花，创新就诞生于这样的环境里，成为罗诺强施活跃于药物制剂研发前沿、立足于市场的绝招。

孙乐：
生死时速“智造”生命抗体

企业家小传

孙乐，1962年出生，现任京天成生物技术（北京）有限公司总裁。北京市海外高层次人才，北京师范大学兼职教授，中国生物技术创新服务联盟（ABO）执委。美国奥瑞岗州立大学博士后，清华大学生物学博士。孙乐所创办的高新技术企业京天成，已成为世界上最好的抗体研制服务商之一，拥有世界上最快最好的抗体研制服务平台，在我国突发传染病应急平台建设中起到重要作用。孙乐拥有国内外发明专利6项，在国际著名期刊发表论文30余篇。

2013年，孙乐参加公司产品推介活动。

28天制备出小鼠单克隆抗体，这是一项世界纪录，至今无人能破。

它的创造者就是孙乐博士——京天成生物技术（北京）有限公司总裁，一个单克隆抗体研制的高手。

何谓抗体？抗体就是包括人类在内的各种动物抵抗外来病原的免疫武器。

当细菌或病毒侵袭体内，人体就会产生抗体，给这些细菌、病毒贴上标签，引导免疫系统的其他细胞来把它们杀掉。

孙乐就是一个为病人康复、消灭病毒、重建生命平衡提供秘密武器的快乐健康使者。

而这，或许与孙乐勇于接受挑战的性格分不开，对他来说，人生就是一场永不停歇、充满挑战的创业，而创业就是不断地挑战自我、创造奇迹！

两次尝试改变命运

然而，你能想象得到吗？这样一个生物技术领域的高手，他的大学本科专业居然是造纸！

这个专业源自少年时一场勇敢的尝试。

孙乐，1962年11月出生于浙江省开化县华埠镇。小时候，因为爷爷是国民党，“文革”期间父亲受连累被打成特务，孙乐由一位农村保姆收留，在农民家庭长大。

"文革"结束后的1978年，孙乐考上大学。填报志愿时，当老师的母亲想让他选医学或教育学专业，15岁的孙乐却想学地质学或海洋类专业，僵持之下，最后折中挑了个轻工专业。

当时，浙江考生很少有人会选择西北院校，跟孙乐同年高考的哥哥就选择了浙江的高校。作为一名心中向往远方的浪漫少年，孙乐却选报了位于陕西咸阳的西北轻工业学院轻化工一系。妈妈一看到录取通知书就哭了，觉得去西北是"发配"。

浪漫少年到了学校就后悔了。当初，他不喜欢医院里福尔马林的味道，拒绝了妈妈要他学医的建议，到学校后才发现，自己选择的这个语焉不详的"轻化工一系"，其实只包含两个味道更差的专业——造纸和皮革。

孙乐选了造纸，因为造纸的味道比皮革弱一些。尽管开始那学期经常哭着想家，他还是坚持读了下来。对不喜欢的课，他经常逃课，老师都不认识谁叫孙乐。但孙乐对化学课如无机化学、有机化学、物理化学等却非常痴迷、喜欢，经常老师还没上课，他就已看完课本。

1982年，孙乐考研到北京，进入轻工业部科学研究院化工专业攻读硕士学位，专业还是造纸。并在1985年硕士毕业后，进入当时的轻工业部造纸研究所任工程师。

那段时间，孙乐喜欢去位于风景秀丽的北海之滨的北京图书馆看书。制浆造纸污染很大，在英文的造纸类杂志中，他看到一篇论文，说可以用生物方法制浆、用酶降解，污染就没有了。孙乐从此对生物学产生了浓厚兴趣，转专业的念头蠢蠢欲动。

不久，机会来了。

当时，清华大学生物系恢复重建不久，比较开放，不仅与美国琼斯细胞中心联合培养中国学生，还鼓励学生跨专业报考。

青年孙乐的又一次勇敢尝试获得了成功：他得到了清华大学生物系中方导师赵南明教授给予的公派留学机会，并于1986年赴美留学，每年拿着1万美元的奖学金，让人羡慕。

在美国，孙乐师从美国科学院院士、尼克松总统科学顾问、单克隆抗体药发明者之一Gordon H Sato教授。

抗体是人和动物自身免疫系统产生的一种蛋白质，它会引导吞噬细胞去杀灭入侵的病毒和病菌。如果能在体外合成抗体，就能诱使人体自身免疫抵抗病原体。

从发现这一原理，到2005年Gordon H Sato教授发明的肿瘤治疗抗体药艾必拓上市，整整用了30年。

Gordon H Sato教授的单克隆抗体药成了20世纪医药界最重大的发明之一，现在已经广泛应用在癌症治疗上。

几经波折，勇于尝试的孙乐终于找到了他日后为之奋斗终生的事业——单克隆抗体药。

"人这一辈子，不去尝试，永远不知道你的潜力有多大！"回忆往事，孙乐感慨颇多："如果当年稳稳当当在城里找份工作，我现在很可能已经下岗。"

三次挑战奠定地位

在美国琼斯细胞中心，其他学生都是学生物的，学化工的孙乐在其中就显得很异类。他需要在短期内突破三关：语言关、专业关、驾驶关。

一位像大哥一样的小导师帮助了孙乐。他叫林顺（Jun Hayashi），是一名日侨，比孙乐大10岁，每天下午5点，他给孙乐补一小时生物课，再补半小时驾驶课。

孙乐闯过了驾驶关，他花750美元买个二手甲壳虫车，很快就开上手。他也很快闯过了语言关和专业关——赴美3个月后，他就开始在每周三的细胞中心的周会上做了英语的专业汇报，是同批赴美留学生里第一个发言的。

1986 年 5 月才赴美的孙乐，1987 年就以第一作者身份发表了 SCI 论文。

1988 年 10 月，孙乐回国进行博士论文答辩，当时本来打算留在清华，连实验室用的移液器小枪头都从美国背回一大包，后来因为实验条件不好，又于 1989 年底再度赴美。

这次赴美，导师 Gordon H Sato 要求孙乐帮个忙，去他创建的生物试剂公司 Upstate 工作。

从科研转向工业，对孙乐来说，又是一个大跨度的挑战。

Upstate 当时还是一家初创公司，规模较小，孙乐既要做实验做技术，也要做客服。1990 年，他推出单克隆抗体 Anti-Phosphotyrosine 4G10，彻底打破了当时世界上只有几个大实验室才能研究蛋白质磷酸化的垄断局面。

这个产品一炮打响，成为孙乐的第一张名片，只要是搞生物学研究的都用过这个抗体，到今天还是全世界销量排名第一的单克隆抗体。时至今日，当孙乐回中国创业后，只要提起 Anti-Phosphotyrosine 4G10 这个产品的名字，就能迅速跟圈内客户找到共鸣。

在公司工作了 2 年多后，已经是部门主管的孙乐还想试试自己能不能做科研。他于 1992 年辞职，到美国俄勒冈州立大学做博士后研究。享受了三年的美丽西部风光，发表了一些论文，孙乐发现，还是去公司更适合自己。他找 Upstate 公司的原老板给自己写推荐信找工作，却被邀请回原公司工作，职位还是部门主管，并给他涨了薪水。

在他走开的这 3 年，Upstate 已发展成一家具有一定规模的公司。公司发展到新阶段后，要把生产部门和研发部门分开。同事里有很多名校博士，重组时谁都不愿意做生产部门经理，都更愿意管研发。孙乐有化工背景，就主动提出去管生产。

分配给孙乐的员工都憋着一肚子气，因为能干的员工都被研发部门要走了。第一次部门动员讲话，孙乐说："你们到我这来，如果觉得这个部门没前途，可以走。但走掉的，永远是 Loser（失败者）。我认为生产一样可以做得很精彩，做给他们看，我们不是 Losers。"

孙乐重新设计了生产流程，又通过绩效考核提升了员工积极性，仅用半年就建立起运行良好的生产管理和考评制度体系，被提任生产总监。

这时，那些留任各研发部门主管的美国白人同事，为了公司研发总监的位置内斗，没心思干活，研发进度不佳。公司总裁找孙乐谈话，希望他转任研发总监。

孙乐找那些美国经理一个个单独谈话："当总监不是我申请要干的，我跟你们没私仇，希望你们配合我工作。如果你们不配合我工作，CEO 肯定让我滚蛋，但我滚蛋之前肯定让你滚蛋。"

孙乐把生产部门的绩效考核制度移植到研发部门。

他接手研发时，研发部门半年才引进 10 个新品种，而 CEO 要求每天引进一个新品种。孙乐看到研发部门其实有几百个品种在等着，只是没做完，就告诉 CEO："是不是永远每天一个新品种不好说，但这么多等着的要先做完。"

3 个月后，孙乐实现了 1 个月引进 20 个新产品，每个工作日 1 个。他向 CEO 建言：现在"多和快"已经做到了，要往销售前景"好"的方向做了。于是，接下来，研发部门的考核从"多快"变成"好省"，需要考核每个新产品的销售额。

标准的操作程序加上有奖有罚，让公司的研发效率大大提升。孙乐的研发总监职位坐稳了。

两次创业找到方向

然而，孙乐不是一个耽于安稳的人，他喜欢迎接挑战。对他来说，最有挑战的任务是创业，他的创业之路，就从美国开始。

2000 年，小导师 Hayashi 研究出一个大幅度提高单克隆抗体制作速度的技术。他问孙乐："你能不能把工作辞了，用我的技术去开一家新公司？"

孙乐愿意接受这个挑战，把自己工资降一半，然后说服大导师 Gordon H Sato 投资，获得了宝贵的 25 万美元初创资金。

新公司叫 A&G 生物制药，孙乐担任这家公司的总经理兼首席运行官。

此前，一种新的小鼠单克隆抗体，制备期长达两年、成功率仅 10%，小导师的新技术，将这个时间缩短到 90 天、成功率提升到 30%。而孙乐创办公司后，用不到半年时间，把制备期缩短到 45 天、成功率提高到 80%。之后，在接到世界第五大生物技术公司 MedImmune 一个两年都没有做出来的项目时，孙乐竟然创造了 28 天制备小鼠单克隆抗体的世界纪录。

小鼠单克隆抗体的制备，是单克隆抗体药研发服务的重要环节。缩短小鼠单克隆抗体制备时间，就能节约抗体药研发时间，让新品早日上市。而 2000 年一个抗体药一年可以卖 10 亿美元，现在一个抗体药的年销售额更是高达百亿美元，每节约一天，都能带来很高经济效益。

初始资金 25 万美元的 A&G 公司，在创立仅一年半后，就获得 MedImmune200 多万美元投资，仅要了 15% 股份，这意味着公司当时的市值已超过 1200 万美元。在新创公司死亡率高达

95% 的美国，孙乐的创业算是初步成功了！辉瑞、强生等国际著名公司，都成为 A&G 的客户。

孙乐并不满足。他把创业的目光投向中国。

2004 年，孙乐回国参加香山科学会议，会上确立了抗体工程为中国生物技术研究发展的重要方向。在国外，一些用于治疗晚期癌症的特异性单克隆抗体药品已经面世，疗效不错，收益可观，而国内相关研究才刚刚起步。

孙乐认为是到了该回来的时候了，他要和国内同行一起为中国抗体药物产业化梦想努力，打造高效、平民化的抗体药。

42 岁的孙乐回国了，放弃了美国安逸的生活回来了。

2004 年时，孙乐拿着朋友给的 40 万美元和中关村管委会给的 10 万元人民币创业启动资金，在清华大学学研大厦租来的一间 30 平方米小屋内，创办了回而生医药科技公司，实验桌都是从地下室捡来的破桌子。不到半年就建立起世界上最快的人源性单克隆抗体研制技术平台，并得到了人源性抗流感病毒和抗甲肝病毒单克隆抗体。

2006 年，北京市提出要做高端服务，选择了 IT 产业链和生物技术产业链。政府工作人员想去美国挖人，到美国一问，原来单克隆抗体做得最好的人已经在北京了，就是孙乐。

2006 年，孙乐以世界领先的抗体制备技术，成立了京天成生物技术有限公司，搬至上地留学人员创业园，并获得了北京市 200 万元的项目基金，为 2008 年奥运会储备技术力量。

开业似乎很容易，但有限的项目资金，对于动辄几亿美元的研发高投入而言，就是杯水车薪。生物制药是高技术、高投入、高失败率的行业，在中国当时的产业环境下，很难吸引天使投资资金。2008 年金融风暴后，原本预期进入的风险投资临时改变，京天成公司当时服务的客户都是跨国药企，生意没有了，最困难的时候差点发不出工资，几乎山穷水尽。有人劝孙乐：别光盯着国外市场，看看国内的需求。

孙乐接受了这个建议。没有想到国内的抗体研制需求非常旺盛，而且合作意向也非常强。公司不仅存活下来，还越来越发展壮大。

定军药谷理想添翼

2011年底，京天成公司搬到了位于北京亦庄国家经济技术开发区，1000平方米的空间，让孙乐的理想有了更加充足的施展余地。

亦庄有北京新兴的生物产业基地，在这个京南药谷里，实现产业化不再是句空谈。在园区，他寻找到了很多产业伙伴，比如泰德、贝达、甘李、绿竹、昭衍、天广实……

商业伙伴们对于孙乐的评价，就一个字，牛！

为什么？

因为他的服务卖得最贵！

"我们有世界一流的品质，当然得卖世界一流的价格。"孙乐说，在美国的工作和创业经历，让他一直坚持高质量的原则：不好的东西哪怕有人要，你都不要卖！只要东西好，客户就肯出高价买。卖价高才有利润，有利润才可以研发高质量产品，这是良性循环。

抗体可以广泛应用在临床诊断、疾病控制、食品安全与环境监测，以及疫苗和药物开发上。世界一流的高质量产品和服务，让京天成取得了社会效益和经济效益的双丰收。

中国是疫苗生产使用大国，京天成把国内的常用疫苗抗体都做齐了。

2008年一场手足口病毒EV71的风暴，让京天成有了用武之地。与中国疾控中心、国药集团等优势单位合作，京天成仅用35天就成功研发出全球首例具有中和活性的手足口EV71单克隆抗体，为国药集团在两年内完成手足口EV71疫苗工艺研发和临床前试验做出贡献，研发进度超过了已经开发了10余年的国外药企。

2009年的甲型H1N1流感、2010年的蜱虫，以及之后的H7N9禽流感、埃博拉病毒、寨卡病毒……每一次的疫情中，应急队伍里都少不了京天成公司的名字，京天成公司也成为北京市突发传染病应急平台的核心单位，他们高超的单抗制备技术为中国的公共卫生和突发传染病应急做出了重要贡献。

最近几年，疫苗质量问题频出，成为民众关心的话题，京天成公司开发出各种疫苗抗体检测的定量试剂盒，对我国疫苗质量提高起了很大作用。他们的试剂盒可以告诉监管部门，这疫苗里含多少有效成分，让不良企业不敢再偷工减料。

京天成公司还建起目前国内顶级的抗体库，库里保存着差不多所有国内外已知重大的传染病病原体抗体，成为应对突发传染病和生物防恐的重要战略资源。

中国是癌症高发的大国，京天成一直在研发可治疗癌症和免疫系统疾病的抗体药相关产品。

全世界销量前10的药里，有6个是抗体药。比如著名的单抗药阿达木，就是每年销售量数一数二的抗体药。

病人用阿达木治疗时，需要每月一针，一针1万多元，是沉重的负担。且治疗一段时间后，75%的病人会对阿达木产生抗药抗体，产生抗体后会失去80%的疗效，但大部分病人茫然不知，继续着昂贵而又无效的治疗。

京天成研发了一种检测试剂，可以检测出抗药抗体，及时告诉病人，药失效了，该换了！

不仅如此，京天成还在开发去除免疫反应的第二代阿达木产品，这种药的中国专利已经拿下，有望在一年内进入临床前试验。

抗体药是精准医疗的有力武器，研发出来一个抗体新药，就能打造一个百亿企业。

孙乐的理想，就是让京天成公司成为这样的企业，让中国出品的平价高效的抗体药，精确地铲除对中国人健康造成威胁的疾病！

他的勇气和坚持，正让他离自己的梦想越来越近。

➢企业家感言

在中国，做事有归属感

虽然我是美国国籍，但我本质上根在中国，在这边做事有归属感。

我办公司的理念是6个字：求实、守信、创新。先得实实在在干事，对的就是对的，错的就是错的，这是求实。这也是客户喜欢我们的地方，我们做的东西非常实在。还得对客户、同事、股东守信，做人做企业都应该坚守底线，要有信用。我们用严格的标准操作程序来管理生产，保证质量。程序好，过程好，产品质量就肯定有保障。有了求实、守信这两个做基础，再来做创新。因为一个企业没有创新，很快就会被淘汰。

人的一生，不能只追求利益，要兼顾社会效益和经济效益。要做你最喜欢做的事，也要做你优势最强的事。将这两点与社会效益融合起来的事业，就可以投入你毕生的精力。

杨启成：

医药质量国际标准的国内领航者

企业家小传

杨启成，1965年出生。上海复旦大学微生物专业学士，美国俄亥俄州医学院分子生物学专业博士，全球著名的美国加州Salk研究所做博士后，师从美国科学院院士、基因治疗的创始人之一Inder Verma教授。曾在美国、新加坡和国内等知名生物技术公司，担任高级研究员和高级管理职务20余年，熟悉掌握基因治疗、基因芯片、体外诊断试剂、疫苗、抗体、多肽药物、保健食品、医疗器械等生物医药多个领域的技术，是行业的尖端人才。2007年创建北京迈康斯德医药技术有限公司，现任总经理，着眼于引进美国和国际领先的非临床研究质量管理规范（GLP）和药物临床试验质量管理规范（GCP），建立起中国第一个获得OECD GLP认证的药代动力学生物分析实验室，并在国内临床试验机构推广ICH-GCP质量体系。

杨启成在耐心指导员工注意医疗报表的规范性。

十四年抗战，中国终于迎来新世界。

为取得成功，谁又能不计成本的投入若干年呢？

北京迈康斯德医药技术有限公司总经理杨启成这样干了，而且干得很成功！

与许多成功人士一样，杨启成博士的学历履历让人称羡，大学就读于上海复旦大学生物系微生物专业，之后又在美国俄亥俄州医学院分子生物学和生物化学专业读博士。

上学时候，照本宣科的应试教学模式，让杨启成觉得实在没必要在课堂里浪费时光，他经常去实验室探寻分子生物学的真谛。

也就是从那时起，他被分子生物学深深地吸引，敲开这扇神秘的自然科学之门。

不拘一格：造就懂生活的人才

杨启成虽然自嘲大学没有好好用功，但他的考研成绩很好，并获取了公费出国读研的推荐资格。也就是这次出国考试的经历，坚定了他出国深造的决心，在就读中科院研究生一年后，就主动退学申请到美国自费留学。

在美国读博士时，杨启成依旧不拘一格，与众不同。

美国读书的第一年，他就休假一个月去滑雪，可是他一回来还是拿到全年级考试的第一名。在研究生资格考试时，导师出了一道题目，全系只有他一个人答了上来，而且答案只有两个英文词，精炼又切中要害，没有一个多余的字。老师给了这个答案满分的成绩，并将此作为全系研究生答题的典范。

杨启成并不认为自己是天才，他将自己的成绩归功于平时的积累。正是因为自己平时就紧跟最新的研究动态，老师出的题目他两周前在刚发表的一篇文章里看到过，并一直紧跟着该领域的研究进展，所以能给出完美的答案。

在人们的印象中，国外读博士万分辛苦，但是杨启成却极少加班，他几乎每周三天打网球，两天打篮球，周五晚上打牌，还经常去野营，旅游，参加其他球类活动，但是这丝毫不影响他做研究，因为他从大学时候就提前进入实验室，打下了良好的实践基础，一去美国，他就发现课程要求的书他在国内已经读完，而且自己可以马上到实验室开展科研工作。他用 4 年时间拿到美

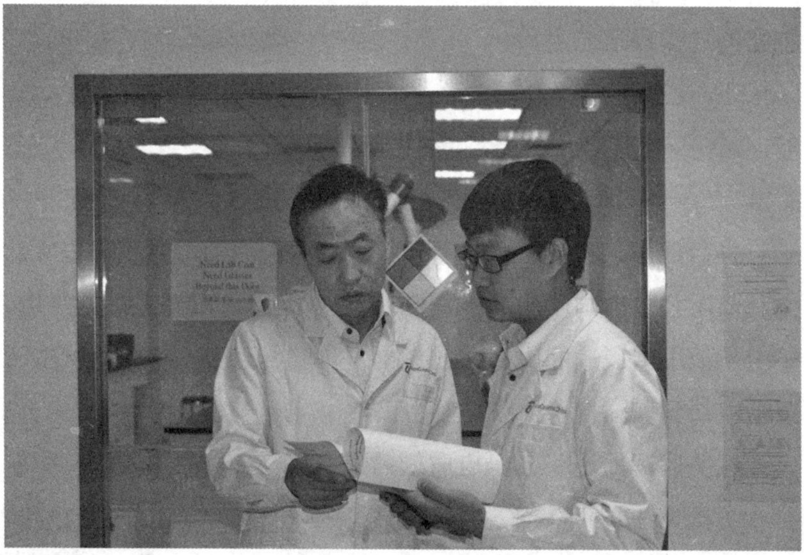

2016 年，杨启成与青年员工探讨研究报告中的数据。

国的博士学位，期间发表了4篇SCI第一作者论文，单篇最高引用率99人次，获得美国专利一项，并成功转让给美国的一家上市公司。

购买国外先进技术专利，利用国内人力成本优势进行开发，这是现在许多国内生物制药企业不约而同选择的创业捷径。对于在美国拿到博士学位并有博士后经历的杨启成而言，这条路同样诱惑着他。博士后研究不到18个月，杨启成便进入美国圣地亚哥的一家生物技术公司，在两家美国初创企业做科学家，一做就是5年。直到2001年他加入朋友在新加坡的投资公司，负责生物技术的投资，这次经历让杨启成的事业发生了重要转变。

勇立潮头：探索国内药品质量体系的“陌生路”

加入新加坡的投资公司后，杨启成凭借在美国生物技术公司的临床前和临床试验经验，信心满满地购买了美国肿瘤抑制基因药物的多个专利，并和军事医学科学院建立战略合作，作为那里的客座教授，长期来往于美国和中国，进行这些基因治疗产品的下游开发。

随着他和国内的GLP毒理中心、GCP临床试验机构的接触越来越多，他意识到国内的质量体系和美国的差距非常大。许多在标准操作规程（SOP）里清晰注明的操作，实际上并没有真正执行；更为严重的是，国内质量保障人员的培训不到位，根本没有发挥到应有的作用。

质量保障人员应该是发现问题的角色，而项目报告中却经常对发现的问题只字不提，虽然报告看起来非常漂亮，但深谙质量管理的资深人士很容易发现试验记录不完整，试验数据没法追溯和再现……

国内诸多的质量问题给本来一腔热情开发新药的杨启成浇了一盆冷水，发现国内新药研发的质量体系和国际差距大，接着做药物开发的话在国内得到的数据，根本不会被国际大药厂认可。

严格来讲，药物临床试验质量管理规范（GCP）并不复杂，很多都是常识性的东西，但是为什么在国内不能被很好地执行？杨启成发现，是中西方GCP法规和理念的不同导致，国内对GCP及法规遵从性的重要性认识不足，有时候不知道该如何记录，特别是如何正确修改错误的记录。这也和当时国内医药企业、临床机构和监管部门缺乏国际经验，国际水平新药极少，很多科学

为更好的规范国际质量，杨启成安排引进了先进的科技仪器。

院所的人员用科研的思路进行临床试验紧密相关。

落后的理念带来国内外标准的巨大差异，杨启成此次投资损失 200 多万美元。杨启成觉得和花钱购买国外先进的专利技术开发药物相比，国内更迫切需要的是建立一套新药开发的管理规范，不能再让国内药品研发在低成本、低质量道路上重蹈覆辙，他决定要帮助国内临床机构提升 GCP 理念，将美国先进的新药开发药物非临床研究质量管理规范（GLP）和药物临床试验质量管理规范（GCP）质量管理体系引入中国。

精益求精：国际标准的国内“领航者”

2005 年至 2006 年间，杨启成寻找到“同样是华人，同样有中国情结，同样想看到中国新药开发数据为国际所接受”的合作伙伴——美国迈康斯德创始者林博士。双方一拍即合，杨启成博士决定在国内建立美国迈康斯德的兄弟公司，并通过 2 年的时间，派骨干人员到国外去，把国外的先进体系带到国内。2007 年，北京迈康斯德医药技术有限公司如约成立，公司选址在创新型企业园区——亦庄汇龙森科技园。

亦庄开发区对创新型创业公司的扶持政策，加上汇龙森科技园的专业服务，让杨启成可以心无旁骛地带领团队斗志昂扬地向人类健康研究领域进军。

起初，公司开展的业务之一是开发药代动力学药物浓度检测市场,但在当时国内第三方独立药代动力学检测还是新的概念，国内好的医院有自己的药代动力学实验室，迈康斯德很难拿到临床样本，同时也不能保障拿到的样本是严格按照 GCP 质量标准采集的。

怎么说服临床机构把样本给自己，并保障这些样本的真实、可追溯？这是摆在杨启成面前的难题。

功夫不负有心人，在杨启成寻找临床机构合作伙伴的同时，军事医学科学院附属医院（亦称解放军307医院）也在寻找能够带来国际GCP质量体系，具有国际视野和经验的临床试验质量管理团队。双方一拍即合，通过共同申请国家十一五临床试验机构GCP平台建设重大专项，走在了一起，共同开始了跟国际接轨的GCP质量体系建设之路。

在杨启成的带动下，经过两年的努力，307医院建立了独立的QA，一切操作规程更加规范化，培养良好临床试验规范的理念，质量体系大大提高。2009年之前，307医院主要承担国内仿制药生物等效临床试验，每个项目全包费用是15万到20万人民币，到2011年开始就主要接高端项目了，承担起国际客户的生物等效和药代动力学临床试验，以及国内新药的安全、耐受和药代动力学评价。合作两年后，虽然2011年307医院的项目数是2008年的一半，但合同额却是2008年的3倍。就是因为健全的质量体系，307医院实现了从原来低端群体的仿制药评价到高端业务的承接，从而实现了华丽转身。

虽然和国内临床机构的合作，通过和307医院的示范效应取得巨大成功， 然而杨启成在国内医药企业市场开拓上并非想象中那么顺利，仍存在诸多困难。每次接触国内客户的时候，对方第一句话就是能否通过药监局审批，但杨启成坚持“数据不可改，一切按照临床试验结果来”的原则，丢掉了好几个国内客户。显然，对于他所要推广的质量标准，国内客户没有准备好，中国市场还没有准备好。

虽然最初建立公司的时候，杨启成就做好了3年不开张5年不盈利的打算，但是真实的情况比他预计的还要困难，整整8年的时间，公司投了300多万美元建立国际质量体系，一直没有达到既定的盈利目标。

虽然国内对质量的认可度没有想象中乐观，其符合国际标准的药代动力学实验室没有被国内客户认可，但是他绝不放弃。一方面，他觉得国内临床机构是希望和国际接轨的，只是难于如何做，需要在技术和能力上提升；另一方面，他认为药品质量直接关系到百姓安康，因为国内外药品质量的差距，许多医生不得已要开价格昂贵的进口药，就连自己母亲生病的时候，杨启成更

2016年，杨启成在实验室成手把手的指导年轻的科技人员。

多地是购买国外的药品，他想要改变这种状况，让老百姓吃上真正放心且有效的国产药。

尽管困难重重，杨启成还是努力打开新局面。从 2007 年到 2015 年间主要是为国际药厂做技术服务，跟几家国内的临床机构合作，把国外的质量体系带到国内来。迈康斯德与合作方一起共建标准，对人员进行技术培训和理念培训，并告诉研究者如何正确地进行质量管理。

以前中国的很多厂家，只要产品进入临床，无论如何要争取批下来，实际上是“严进宽出”，但是如此一来，临床试验的数据就难免受人质疑。在美国，情况则完全相反，新药进入临床后 80% 都会被枪毙掉。新药被枪毙有很多原因：安全性不够、疗效不好或不比现有药好。

杨启成逐渐意识到问题所在，中国 GCP 规范性不到位，很多是仿制药，必须解决临床试验数据造假或规范性不够的问题。通过培养法规遵从性的理念，杨启成要求研究者在日常执行中按照既定的方案执行，并按照 GCP 的要求，规范方案的撰写、修改、批准、执行过程，并被国际大药厂认可。

杨启成的努力逐渐有了成效。2010 年他和合作的解放军 307 医院 I 期临床试验室一起为世界排名前三十名的药厂做生物等效试验，在他建立的质量管理体系下对某个产品仿制药和原研药对比，在人体内证明两个药在同样剂量药物浓度曲线是一致的。

实现梦想：国内药品质量与国际接轨指日可待

2015 年 7 月 22 日，是杨启成永远铭记的日子，就在这一天，国内药品质量管理提升迎来了春天。因为过去质量标准执行缺陷，造成数据不真实的情况，所以要重新对临床试验数据进行审核。7月22日，国家食品药品监管总局发布公告，要求开展药物临床试验数据自查核查工作，对1622个报批品种自查。杨启成感到苦苦熬了8个年头后，商业机会终于来了。

随着临床试验数据自查核查工作的进行，药品质量高下立见。一些质量标准较差的项目马上见光死，而早就着手提升质量体系的机构或企业则未受影响，反而在自查的潮流中迎来了快速发展的机遇。

307医院是与杨启成展开合作的第一家临床机构。通过307医院质量管理模式取得的成功，国内其他临床机构和大药厂逐渐认可杨启成博士团队的质量体系，目前，迈康斯德已经与北京301医院、上海精神卫生中心、广东省中医院、香港大学玛丽医院成为合作伙伴，并与十余家医院共建质量体系，为国内外医药企业提供技术服务。迈康斯德拥有单独的药代动力学实验室，业务也拓展到临床方案撰写、临床监察、项目管理、数据管理、统计报告到生物分析等早期临床试验一条龙服务。

2015年“7.22事件”后，以前未能和杨启成达成合作的客户又找了回来，坚持做数据的质量科考。原本难找的合作伙伴如雨后春笋般冒出来了，要求杨启成的团队帮助他们做质量体系。现在，迈康斯德逐渐被业内认可，业绩蒸蒸日上，项目执行顺畅。去年到今年迈康斯德人员增长1倍，设备增加了2倍多。

预计到2018年底，国内大概有1万多个批准文号的产品需要通过一致性评价，任务艰巨，增加能够符合要求的临床机构承担任务是当务之急。杨启成忙得不可开交，除了公司的日常工作外，科委、机构都邀请他前去讲座，他始终致力于国内药品质量与国际接轨、一套数据全球通用！

企业家感言

拥有信念的团队是攀登的基石

回顾过去艰难的8年时光，感触颇深：今天的成绩离不开团队的努力，员工是我攀登的基石，公司人性化管理模式是凝聚人心的源动力。即使是公司亏本最严重的几年，我也坚持给员工购买补充医疗保险，五险一金一样不落，包括事假病假、带薪休假也一直都很好地执行。对员工实行弹性工作制，员工可以在家工作，给员工办理健身俱乐部的会员卡，鼓励员工健身。我常常对自己的员工说，虽然工作很重要，但是也要把生活调节好。

正因为待人真诚、做事实在，当很多企业忙于应对人才流动的难题时，迈康斯德员工的忠诚度却很高，刚创业时的多个骨干员工不惜每天奔波于南北五环之间，一直跟随着我，一干就是9年。我虽然是个企业家，但逐利这件事情并不那么紧迫，甚至不那么重要。我追求随心所欲，随遇而安，顺其自然，觉得有意义的事情就会坚定地去做。

陈重建：
让基因科技绽放生命之花

企业家小传

陈重建，安诺优达基因科技（北京）有限公司联合创始人、首席执行官兼总裁、北京市特聘专家。生物技术和计算机学术背景，巴黎十一大学与中山大学双博士学位，法国居里研究所博士后，华中农业大学兼职教授。兼任北京市精准医疗与基因工程实验室主任，中国研究型医院学会血液病精准诊疗专业委员会副主任委员。先后被评为“北京市海聚工程人才”“中关村十大海归创业新星”“北京经济技术开发区领军人才”以及“北京经济技术开发区海外高层次人才”等。曾在Nature、Science、Elife、Developmental Cell等知名国际期刊发表18篇同行评审学术论文。

2015年，陈重建踌躇满志。

你说什么他都能听进去；

他的做事方式和个人性格大家都喜欢；

员工年龄平均27岁，年轻、开放，从不搞一言堂；

很多核心员工，包括一些海归的高技术人才，都是被他的个人魅力吸引而加入公司。

他是谁？

他就是安诺优达基因科技（北京）有限公司联合创始人、CEO兼总裁陈重建，2016年他才34岁。安诺优达人力行政中心负责人刘茜喜欢叫他“陈博”而不是陈总，“陈博”的心是开放的，别看“陈博”很年轻，却很有包容心。这可能与陈重建的留法经历有关，因此公司文化也偏西方。

稳重而睿智的陈重建，早在大学二年级，就一步步规划着自己的人生路，本硕博连读，巴黎十一大学与中山大学双博士，法国居里研究所博士后，安诺优达共同创始人，他的故事简直就是一部“海归总裁的开挂人生”。

潜心科研：站在交叉学科前沿

陈重建出生于浙江义乌的农民家庭，小时候妈妈经常说“不好好读书就去当农民”，这句话触动了他，从那时起，他便给自己订了第一个目标：通过读书改变命运。

小时候农村没有那么多书，小学就语文和数学两本书，他可能天生就很喜欢读书，没事就反复看，甚至连标点符号都能背下来。陈重建对读书充满着自信。攀爬着书籍的阶梯，陈重建走进了省重点高中，继而又考上了名牌大学。

高考填报志愿时，当下最热门的计算机专业成为陈重建的首选，可实际录取时，他却阴差阳错进入了第三志愿的生物科学专业。当时生物产业机会还没有到来，但是可以想象，未来数据信息必将和生物应用相结合，IT 技术对纯生物科学研究将产生巨大影响。因此，陈重建在大学期间辅修了计算机作为第二学位，他已经想好要做什么了，并一步步在脑海中勾画着这个蓝图。

当时，生物科技的发展主要停留在研究层面，应用性还不够。在 2000 年初，人类破解了第一份人的基因组——30 亿个碱基的排序。碱基的排列、编码，记载着人类的遗传秘密，更关乎人的健康。

30 亿个碱基中，有 2 万个核心片段，把这些都研究清楚了，未来的应用就很广泛。研究基因能够根本上了解人，检测、改造基因可以治病，这是基因组科学未来的一个大方向。

陈重建念念不忘，他从大三就开始投身基因组学研究，结合计算机、数学、软件开发、数据挖掘，对未知的好奇吸引着他不断钻研，他一心想把这个领域研究透。

传统的生物科学研究漫长而枯燥，每天泡在实验室，调试剂量、频繁试错、等待结果，而陈重建做生物科研，只要有一台计算机就好。他的研究更多是基于假设，设计相关的算法去挖掘、提炼数据，难点在于能否提出有前瞻性的假设、是否有能力去实现和验证。

生物 IT 交叉学科对纯生物学出身的教授来说是新东西，老师其实也不能给予更多的指导，这片未知的领域需要陈重建去探索钻研，填补这片交叉领域的研究空白。他坚信，生命科学将在21世纪大放光芒，但产业大发展的时机当时还没到来，不过他耐得住寂寞，愿意等待时机、开创未来。

2007年，陈重建读博士一年级，赶上了国家建设高水平大学公派计划，他申请去法国巴黎十一大学联合培养，更系统地学习生物信息学。正值技术革新的浪潮涌来，第二代测序技术迅猛发展，测量成本快速下降，基因组信息相关的科研得以大范围开展。陈重建将研究重心瞄准分析二代测序技术得到的信息，用于不同的研究方向。

2011年，陈重建到居里夫人研究所做博士后，导师是英国皇家学院院士 Edith Heard，在这个国际性研究所，他与同事的专业讨论更深入、充分。研究组其他博士后的研究都以生物学实验研究为主，拥有生物和 IT 双专业背景的陈重建便成为“稀缺资源”，经常需要同时跟四五个团队合作。

那两年是他最忙碌也是成长最快的阶段。他的研究都基于兴趣爱好，在生物和 IT 交叉领域精耕细作，他只管做研究，提出设想，做验证，有问题就找原因，在法国做科研，他没有什么压力。发论文其实也不是科研的目的，不是为了发论文而做科研。

陈重建回忆起一路走来的学术经历，感慨自己人品爆发，遇到的3个导师不但学术水平高，人也很好，对他影响也很深：

在国内的导师屈良鹄教授一直支持他的研究，帮助他在科研方面打下坚实的基础。

博士导师 Daniel Gautheret 是一流的学者，但他从不会因为工作牺牲生活，热爱科研也热爱生活，这也是陈重建从他身上学到的人生态度。

博士后导师 Edith heard 学术能力非常强，不仅在自己的学科领域是大师级人物，而且对其他学科领域的新技术也非常了解。

每次遇到问题时，她能多角度的分析问题，甚至引用其他学科领域的知识来做研究，例如二代测序技术、物理学知识、显微镜的新进展等，远见性极强。

而陈重建的勤奋好学也给法国的导师留下了深刻印象。在陈重建之前，他的博士生导师和博士后导师都没招过中国学生，他来了之后，导师对陈重建印象极为深刻，觉得中国学生勤奋、懂变通，后来便招了好几个中国学生。

放弃安逸：追求更多可能

陈重建原本打算在法国做博士后，取得科研成果，然后回国当教师，等待基因组产业发展机遇的到来。

但没想到，这个机遇来得那么快。

2016年，陈重建在公司年会上发言。

2012年初，二代测序仪带来的基因组科学大发展，各种临床应用增加，基因组科学已经从科研阶段走到了民用阶段。

拐点已经出现，生物科学检测技术发生了变化，让检测成本下降几万倍。时不我待，形势波澜起伏，陈重建也跃跃欲试。

他萌生了归国创业的想法，得知同门同级的老同学梁峻彬也有做基因产业的想法，两人一拍即合，2012年陈重建谢绝了导师的极力挽留，回国与梁峻彬一起成立了安诺优达。

在外留学时，陈重建感到法国是发达的福利国家，整个社会的节奏都比较慢、比较悠闲，如果留在国外，会有很安逸和优越的生活，但是一辈子就看到了头，这不是他想过的生活，陈重建想趁年轻去闯一闯。国内千变万化的市场吸引着陈重建，日新月异的发展会带来更多的可能性。陈重建想抓住青春的尾巴，回来澎湃几年。

刚创业，陈重建就面临着公司落地问题。很多城区地价很贵，而便宜的地方交通又不好，选来选去陈重建挑中了亦庄这块宝地——因为北京本身就是医疗服务的重镇，医疗环境资源较好，生物医药更是亦庄的龙头产业。同时他的另一个合伙人王海良原本就在亦庄发展，2012年的亦庄生物医药园也刚开园不久，有很好的优惠政策，公司就在亦庄开张了。

亦庄管委会还帮助他们申请到第三方临检机构的名额，在企业服务方面也做了很多工作，包括人才政策、培训，产业政策引导和基础设施建设等，现在亦庄的生活和交通都很便利，娱乐设施也很齐全。提及亦庄的支持，陈重建心存感激。

创业早期，与多数创业公司一样，安诺优达也遇到过资金问题。孵化期间，安诺优达尽管融到三千万的天使轮投资，但是前期科研设备投入很大，资金很快就枯竭了，而下一轮的融资还没谈妥，投资方对项目的态度也不明确。开拓市场的进程受阻，陈重建只能一边继续融资，一边带领团队继续练内功、做研发。

“创业早期搞研发人还不多，有时候为了第二天的谈项目，陈博他自己做 PPT 能做到凌晨四五点，睡两三个小时起来又活蹦乱跳去工作。”刘茜提起陈博总是念念不忘他的拼命三郎劲。

在突破重重困难之后，安诺优达终于获得了 A 轮 6000 万的投资，B 轮得到了中国人寿等机构的 3 亿投资。现在安诺优达已过了生存期，进入快速成长期，每年产值增长可达到 100%-200%。在国内四五百家基因测序公司中，安诺优达的无创产前 DNA 检测（NIPT）业务占国内 10% 的市场份额，已经达到行业前三。

同时，安诺优达重视自主创新，每年将收入的 10% 投入研发，并立足长远，积极储备人才。与华中农业大学开展了战略合作，在农大设立奖学金，为学生提供实习机会，联合培养产业后备人才，并把公司优秀的科研人员送去农大读在职博士。

随着公司的扩大，业务越来越多，陈重建身兼研发、运营、市场等多个角色，变得非常忙碌。作为公司总裁，陈重建没有秘书，没有助理，有什么事情都喜欢自己做。他可以同一天上午参加学术会议，下午又与当地医院谈合作，但从来没有焦头烂额的时候。

刘茜这样形容陈博——“可能他的脑子就像电脑的 CPU，是多任务、多线程工作。他的口头禅就是‘这很简单啊’，可能其他人好几天搞不懂的东西，跟他讲半小时他就能明白，反过来帮你梳理，给你讲。”

似乎，在陈重建的世界，只要想做“都很简单”。

为了健康：打造防治疾病新武器

是的，不仅“都很简单”，而且“都很重要”。

作为占公司营收半壁江山的 NIPT 技术，是陈重建非常引以为傲的。

NIPT 技术全称无创产前 DNA 检测，因得益于二代基因测序技术的发展，在临床上得到广泛，成了安诺优达的主营业务。关注优生的家长都知道，筛查唐氏综合征的传统方法是抽血化验，从血液指标判断，准确率 70%—80%，完全依靠生化指标，如果化验结果显示高风险再做羊水穿刺。而 NIPT 只需抽取 5 毫升手臂血，用基因测序，就能在孕 12~26 周时判断胎儿是否患有唐氏综合征，准确率近乎 100%。

基因检测比生化指标准确率更高，而相比同样准确、难预约的侵入型羊水穿刺，还没有感染和流产风险。陈重建特别自豪，国外的 NIPT 一次花费是 1000 美元，而他们只需 1400~2400 元人民币，这不仅是技术创新带来的优惠，也是开放性市场竞争之下的价格战结果。与之匹配的是，安诺优达的 NIPT 目前在全国范围内已有 2000 所医院使用，为公司贡献了一半的营业收入。

创新意味着打破现有流程，NIPT 的出现也改变着这个行业的监管者、参与者和产品使用者。随着新技术的出现，监管者也需要时间去学习，将其纳入国家标准体系，针对行业乱象着手整治。

2014 年，由于有些同行的不规范技术操作，整个行业被暂停，安诺优达的业务也受到重创。当时行业还不规范，国家的态度也不明朗，这把悬在头上的剑终于还是掉下来了。这对陈重建他们来说是危机，也是机遇，他们相信行业形势已经如火如荼，国家不会不支持，市场会重新打开。有压力才更有冲劲，他们对自身发展有信心。

陈重建很沉得住气。

好饭不怕晚。很快，国家允许符合标准的企业申请认证成为第三方临检机构试点。消息一出，陈重建带领团队通宵达旦，准备申请材料，相关的仪器、试剂、软件的注册证很快就办了下来。安诺优达成为国家卫计委首批高通量测序临床应用试点单位。

NIPT 贴合优生优育的国策，初为人父的陈重建非常清楚一个健康的孩子对家庭多重要。在生殖生育领域，基因检测还能用于妇女习惯性流产的原因分析，因为部分流产与基因有关，可以通过检测流产胚胎基因，指导下一次生育。在帮助不孕不育夫妇培养试管婴儿时，通过基因检测，筛除不健康胚胎，可以将受孕成功率从 30%提高至 50%－60%。

在肿瘤诊治领域，基因测序也是强有力的新武器。我国每年新增 400 万肿瘤患者，肿瘤病其实也是一种基因病，由于某些部位的基因突变而发生。肿瘤细胞可能有多个族群，分布于不同部位，而传统肿瘤组织的切片活检只能切取具体部位，无法判断肿瘤的整体情况。到底是哪些位置的基因发生突变？是否有针对性的药物可以治疗？能否通过针对个体的特效药治疗？这些问题需要基因检测和进一步分析才能得到答案。

安诺优达从 2013 年开始做肿瘤的基因诊治研究，通过基因检测发现根本病因，针对突变基因使用特效的靶向药，并在治疗过程中通过基因检测分析手术或药物的作用和治疗进程。

目前，安诺优达的肿瘤基因检测跟北京三甲以上的大型医院都有合作。对那些无药可用的癌症晚期病人来说，这可能是最后一根救命的稻草。

比如肺癌晚期病人，被医生告知只有个把月的时间了，病人都放弃了，但送到他们这边做基因检测之后，可能会告诉他还有别的药可以用，这就是新的希望。通常一半以上病例，陈重建他们可以给出用药建议，80% 以上可以告知肿瘤的治疗进程和变化。陈重建对能打造出防治恶疾新武器充满了自豪。

有人说，健康医疗产业是“积德行业”，陈重建深以为然。他们要运用科学的方法保证生出来的孩子健康，对那些垂危的癌症晚期病人，如果能找到特效的靶向药，生命就可以延续，所以经常有人催促他们赶紧出肿瘤基因检测报告。他希望通过自己的努力，让更多人受惠，逐步认识到基因与健康的关系，尽早预防，采取措施，而不只是生病的时候才想起。

基因测序的应用前景非常广阔，从生殖生育、肿瘤诊治、体检到科研服务，无所不包，但大范围的应用还需要科研发展和教育普及，陈重建相信方向是对的，剩下的只是时间问题。安诺优达自成立以来已经积累了大量的生物样本和基因数据。

2016 年年初，安诺优达与全球领先的云计算厂商阿里云宣布战略合作计划。双方合作搭建基于阿里云服务的生物大数据分析云平台“安诺云”，实现对高通量基因测序数据的快速分析、安全存储，提供生物大数据存储与管理服务以及生物、临床研究数据分析一体化服务。2016 年 8 月，“安诺云”正式上线并开始对外提供大数据服务。

如今，安诺优达已经从一开始只有 10 多个人的小公司发展为拥有近万平方米的实验室，固定资产近 5 亿，200 多名研发人员，总员工人数接近 1000 名的中国基因组行业的知名企业。安诺优达已在肿瘤诊治、个体化用药、健康大数据挖掘和管理等领域取得了大量突破性进展。

陈重建相信，良好的国家政策环境、广大的临床需求以及日渐成熟的基因检测技术，必将推动传统医学向“精准医学”迈进。未来，他们将继续利用高通量测序平台优势，不断提高自主研发和创新能力，强化在医学健康和科技服务领域的竞争优势地位，努力占有市场更大份额，成为基因检测领域的企业标杆，努力引领现代医学走向精准医疗时代。

企业家感言

基因科技让生命绽放

在精准医疗领域，我们主要的工作就是实现新一代测序技术（NGS）的临床转化。除了血液病，我们在实体肿瘤领域也取得了一些成果。我们开展了“乳腺癌高风险人群基因筛查课题”，已完成上千例标本的检测，为构建中国人群乳腺癌基因数据库、促进我国乳腺癌精准医学的发展打下一定的基础。

在“液体活检”领域，我们也开展了 3 年的技术研发和临床转化工作，推出了相关的用药指导的动态监控产品，可以辅助临床医生对肺癌、结直肠癌、胃癌等常见高发肿瘤及其他肿瘤制订个体化治疗方案、进行疗效评价、预后评估、耐药分析及动态监测，实现肿瘤的精准全程管理。

在基因检测中，实验技术和数据分析以及临床解读都是重要的环节。这个领域未来还有大量的工作需要开展，还有大量的难点需要探索，我们将秉持“基因科技，让生命绽放”的理念，继续砥砺前行。

段润润：天生我“材”必有用

企业家小传

段润润，1980 年出生，清华大学材料科学与工程专业学士，美国佐治亚理工学院材料科学与工程专业博士。2006 年博士毕业后，进入美国瑞莱昂公司（ReliOn，Inc，USA）工作，任高级材料科学家和材料研发主管，负责氢燃料电池系统核心部件材料的开发。2010 年回国创办开元科创公司，在金属基复合陶瓷材料和纯陶瓷材料两种技术路线上开发新型材料，2014 年入选北京市第十批“海聚工程”。拥有发明专利技术 4 项，在 SCI 核心期刊以第一作者发表论文 3 篇，国际会议报告 1 篇。现任北京开元科创科技发展有限公司总经理。

帅气的80后段润润。

投资大、周期长的新材料，是一块艰难的创业领域。

80后青年段润润，在这个领域中迎难而上，志在闯出自己的一方天地。

材料是个有趣的专业

作为一名80后，段润润出生于北京，是家里的独生子，小学、初中、高中一直成绩优异，1997年考入清华大学材料科学与工程系，从此与"材料"结缘。

段润润选择"材料"专业，是因为这是一个奇妙多彩而广阔的领域，他为之所深深吸引。材料有各种奇特构型，从可以捏出各种形状的软软的橡皮泥，到可以削钢如泥的硬质陶瓷；材料还有各种特别的加工工艺，喷液成丝可以形成高强纤维，薄膜镀层可以让塑料变得像金属一样耐磨…… 那时计算机是热门专业，但与编写程序代码相比，段润润对实际操作实验、动手加工新东西更感兴趣。

清华四年的本科学习，为段润润打下了坚实的学业基础。2001年大学毕业后，他成功地拿到了美国佐治亚理工学院工程学院的录取通知书，硕博连读，从事先进陶瓷加工理论和工艺方面的研究。

段润润在美国佐治亚理工学院的导师司拜尔教授（Speyer）

是一名先进陶瓷材料领域的专家。先进陶瓷材料是新材料的一个重要组成部分，广泛应用于通讯、电子、航空、航天、军事等高技术领域，在信息与通信技术方面也有着重要的应用。

先进陶瓷材料有特殊的加工工艺，它不局限于某种特定特性或应用，而是可以根据实际需要融合多种材料及加工方法。不同的材料往往需要采用不同的研究方法、手段、设备、条件，因此从事这个领域的研究，需要有比较全面的对材料特性及其应用的认知。在整个博士学习与研究期间，司拜尔教授在这些方面给予了段润润全面细致的指导。

这个研究领域不局限于纯理论研究，而是更侧重于工程开发及应用。司拜尔教授所带领的课题组与校外企业、研究机构等有很多工程技术开发的合作，例如，段润润曾参与了美国陆军实验室关于超硬超高温结构陶瓷的制备机理研究，熟悉和掌握了超硬陶瓷材料的制备技术和工艺，包括处于世界领先水平的结构陶瓷无压烧结技术。在司拜尔教授的指导下，从专业实验设备的制备和操作、到实验室技术的工厂生产转化、再到与同行的专业沟通与合作，段润润的各方面能力都得到了锻炼。

做事稳健的段润润，从不依靠想象做事，而是先努力观察，沟通了解别人怎么处理不同问题,然后在实践中学习并不断修正。这种踏实的态度让他很快适应了美国的科研节奏，并积累了丰富的材料领域工程研发经验，毕业后得到了好几家美国公司的录用通知。

2006年，博士毕业的段润润选择进入美国资深的商用氢燃料电池企业瑞莱昂公司（RELION）工作。就像他当年选择专业一样，这一次的工作选择，首要原因也是"吸引力"。

RELION是燃料电池设备制造商，而不是专业从事材料研究的公司，但该公司希望通过一些核心功能材料的改进来提升电池设备的整体性能。在电源设备领域从事材料研发，是一项跨越材料科学、电化学、电子电工及设备集成等多领域的工作，对段润润来说，很具挑战，也因此更具吸引力。

当时 RELION 公司的氢燃料电池采用一种纯碳基电化学反应器件，这是该电池的核心部件之一，原产于日本。但是这种日本产电化学器件是纯碳基，不含金属，与其他金属类元器件不能很好配合，使得氢电池的整体设计和性能提高非常困难。此外，RELION 公司需要增大该部件的采购量用以扩大电池产品的产能，但这家日本企业并不愿意新增生产线提高该材料部件的生产能力来配合。由于该日企是这种部件的单一供货商，这种情况给 RELION 从产品设计到生产供应链的管理带来不小的困扰。

2013 年，段润润旅游留影。

RELION公司聘请段润润为高级材料科学家，由他带领一个研究小组，研发适用于新一代小型化高性能氢燃料电池系统的全新电化学反应器件，以替代日本公司的产品。这需要从材料结构和功能角度来设计一个全新的材料，是比较大的挑战。

研发伊始，有两套可选方案：一是用两种材料通过机械结合方式形成在功能上接近原日产部件的替代品，这种方式研发成功率高，但部件性能不会有提升，并且规模生产的工艺复杂程度及成本也都不能令人满意。段润润提出了另一种方案，根据氢燃料电池系统需求重新设计一种金属基多孔材料。这个方案的研发难度高，工作量大，但是如果取得成功，研发成果不仅在性能上能够替代甚至超越原来的碳基材料，使该部件与其它器件得以实现良好配合，从而全面提升氢燃料电池的整体性能，并且可以满

段润润（左一）为严以新（中）、闫傲霜（右二）等领导讲解最新研发的新材料产品。

足规模生产的工艺和成本要求，还会一举改变在该部件采购上受制于人的局面。

段润润带领自己的研发团队，设计了十几套材料成型、加工和处理的方案，并对各种方案进行了层层筛选：首先通过一段时间的实验完成工作初步的方案优选，再依据优选后的方案进行重点攻关。整个材料加工测试阶段，每个实验步骤都要经过数十甚至上百次的重复和优化，经过一年多时间，才在实验室将产品定型。经过相关的系统性能测试，这种材料的性能完全可以替代原来产品，从而顺利推进到产品由实验室小规模制备到工厂批量生产的转换工作。

4 年中，从实验室、小试、中试，一直到工厂的批量化生产，段润润带领研发团队从头做到尾做出了一个完整的新产品，开发了公司空气冷却燃料电池系统的核心部件：金属基的导电陶瓷复合材料气体扩散层。此材料的成功研发使燃料电池系统的峰值功率输出在原基础上提高了 20%，并大幅提高了氢气使用效率，同时使燃料电池堆成本降低 15%、体积减小 20%–30%。

回国是个勇敢的选择

兴趣是最好的老师，这个老师让段润润初生牛犊不怕虎，毕业后第一个项目就做出了优秀的成绩。勇气则是最好的促进剂，这个促进剂让段润润在美国的事业蒸蒸日上之时，毅然转身回国，开始了艰难的创业之旅。

对他来说，出国是为了学习先进的技术并把它带回来。凭借着丰富的研发经验，通过对国内相关产业环境的调研，段润润将创业的方向定在了先进材料的开发上，立志要在新材料产业有所作为。

新材料产业的创业之路并不平坦。这个产业不但技术转化周期长，而且对硬件条件的要求极高，单是购买基础实验设施往往就要花费几百万甚至上千万元。在美国，新材料研发与市场结合紧密，但在中国，多数科研成果来自高校和科研机构，与市场和产业化脱节比较严重，从科研成果到产业化的过渡环节，即小试和中试环节非常薄弱。基于这种种困难，新材料领域的归国创业人员相对其他一些领域更为稀缺。但新材料行业又是基础和先导产业，往往作为其他行业的上游供应商，渗透到大部分国民经济领域，行业发展意义重大、空间巨大。产业报国的梦想，激励着段润润毅然踏上了这条注定不平坦的创业之路。

面对资金投入大、设备要求高的难题，回国伊始的段润润起初试图联络国内的风投，但多数风投并不看好这家“默默无闻”的材料公司；即使愿意投资，提出的股份条件也非常苛刻。辗转了全国八个省市，配套设施跟不上、设备参数不达标、资金短缺，种种难题摆在面前，个个都是瓶颈。资金短缺一度使公司陷入重重困境，段润润只能靠家人和自己的积蓄维持着公司的运营。

终于，情况有了转机。

与北京经济技术开发区海外学人中心的接触，改变了段润润的处境。

位于北京亦庄的北京经济技术开发区对吸引海外留学人员归国创业非常重视，建立有完备的人才政策扶持与创业辅导体系，经常邀请“留创”人员座谈，鼓励他们就在创业过程中遇到的问题、困惑与困难进行反馈，听取他们对政府各项政策服务的意见与建议，并在市场推广、经营管理、财务计划等各方面为“留创”人员提供了非常实用的创业指导。

在与北京经济技术开发区海外学人中心的一次交流中，段润润将自己所面临的困难进行了反馈，并且提出了自己的建议：

新材料行业创业过程中，进行技术成果转化对硬件设备的要求非常高，能不能有一个可以为这类创业企业提供一定通用设备服务的平台，帮助企业完成技术转化实验，降低企业创业成本？

在“海外学人中心”的推荐下，段润润找到位于北京经济技术开发区内的汇龙森产业孵化器，同他们探讨了这个可能会弥补北京市内同行业创业资源短板的想法。

通过与开元科创的深入探讨，汇龙森孵化器也看到了新材料产业的巨大发展潜力。汇龙森给段润润的开元科创公司提供了免费办公场地。更重要的是，通过亦庄开发区科研产业政策的支持，共投资1800多万元，建立了面向材料技术小试、中试的新材料公共服务平台。

段润润对于新材料平台的设立感到非常激动，新材料项目的小试、中试所需实验设备成本高，单个企业特别是初创型企业

段润润(中)与外籍专家交流。

往往难以承受，在完成项目产业化后，小试、中试设备又常常闲置，造成资源浪费。设备投入正是他们的软肋，也是他们最需要的。

新材料平台从无到有，于2013年底搭建完成，近1200平方米的实验室里，各种机器设备高效运转，“汇龙森新材料公共实验中心”“先进陶瓷材料公共技术服务平台”“开发区新材料产业创新联盟基地”的标识赫然在目。

有了中试平台做支撑，开元科创的科技成果转化取得了快速突破，不仅研发出了产品，还成功将产品出口到国外。

回国6年间，段润润领导开元科创公司的研发团队，研发出了新型金属基陶瓷复合多孔材料。这款氢燃料电池核心部件不仅能大大提高氢燃料电池系统的功率密度，也能够延长产品寿命。其综合性能超过传统材料性能50%，抗腐蚀性能和机械强度优异，完全满足世界上新一代氢燃料电池产品的技术要求。该产品已获得美国一家电池公司的订单，用于美方新一代高功率氢燃料电池产品中。

同时，他们还跟踪国际最新医用生物陶瓷材料产品科技发展前沿，开发出系列新型生物陶瓷人工假体产品。目前国内的陶瓷人造关节基本依靠进口，而国产人工骨关节多为高分子材料和金属材质，各方面性能例如生物相容性、使用寿命等，都不如陶瓷制成的人造关节。开元科创公司的该产品已获发明专利，填补了国内技术空白。

创业是条艰辛的道路

目前，段润润所熟知的先进陶瓷材料领域，已形成一个巨大的高新技术产业。全世界先进陶瓷产品的销售总额超过300亿美元，并以每年10%以上的速度增长。

但作为一家初创企业，要在这个领域存活却并不容易。首先是融资的难度。用段润润的话说，“我们才刚开始融资，而其他做同期创业的互联网企业都成功融资几轮了。”资金的困难只是一个方面，人力资源管理、技术研发管理、产品生产管理等等，每一项任务都不轻松。

2014 年，开元科创争取到了一个机会，为美国一家储能设备公司开发一种新型特殊电极材料。这家美国公司的大规模储能电池原本采用的是市场上通用的电极材料，由于该材料不是针对他们的应用定向设计的，不能达到他们预想的性能指标，不能充分发挥他们设备的优点。

段润润带领公司团队，与美方研发团队密切协作，通过半年多的艰苦研发攻关，完成了十几轮的工艺优化与样品试制，终于做成了满足该公司高能量密度要求的新电极材料，使定制件与原通用件相比，在成本降低 30%–40% 的同时，性能提高 15%。

与这家美国企业的合作，使段润润公司的科研管理和生产管理能力得到了长足的提升，同时也让他对公司之后的发展方向萌发了新的想法。过去 6 年，开元科创公司所研发的产品大多属于高技术高附加值产品，但这类产品一般属于产业链上游的定制产品，虽然技术含量高，却难以形成大规模大批量的订单，从而使得企业的发展受到了一些局限。2015 年，日本推出氢燃料电池量产车 Mirai，全世界的燃料电池界学者都认为燃料电池的新纪元开始了。开元科创公司能否利用自己在氢燃料电池材料技术方面的优势，向产业链下游突破，研发自己的氢燃料电池？

氢燃料电池产品更加接近产业链下游，会有更多的客户，和更广阔的应用领域及发展空间。中国目前还没有成熟的商业化氢燃料电池公司，而《中国制造 2025》中明确提出将“节能与新能源汽车”作为重点发展领域，同时明确了“继续支持电动汽车、燃料电池电动汽车发展”的指导思想，氢燃料电池的市场前景可期。段润润希望开元科创公司能成为新能源领域的新兴企业，在这个领域有所突破。

展望未来，产业报国是段润润的梦想，也是他坚定不移的信念。段润润觉得他们所从事的新材料研发，非常有意义，而且空间无限大，值得他为之奋斗终生！

企业家感言

做一些有价值的东西服务社会

为什么要创业？当我学习了很长时间，在企业也工作过几年后，就想看看通过自己的努力，以及和别人的合作，能否做出一些比较有价值的东西服务于社会。

我希望通过自身的努力，为自己搭建这样一个平台，来更好地实现自己的想法，更多释放和发挥自己的主观能动性。

作为一个回国创业的年轻人，我的经验并不充足，资金基础也不雄厚，但我坚信用自己的技术可以创造出最具价值的产品，用我的年轻和活力为事业扫清道路。我憧憬成功，但并不惧怕失败；我希冀一帆风顺，但并不恐惧挫折来袭。

赵郁：
让三叉星徽“耀闪”匠心之光

科技家小传

赵郁，北京奔驰汽车装调工高级技师。2005年荣获“全国首届汽车装调工职业技能大赛”优胜奖；2006年被授予“全国知识型职工”先进个人、“北京市知识型职工”标兵、“北京市经济技术创新标兵”；2007年获得“首都劳动奖章”、“全国机械工业职工创新能手”，并被北京奔驰聘为汽车装调工首席技师；2008年被选举为北京市第十三届人民代表大会代表，获得中国汽车工业杰出人物等多项荣誉；2009年成为首批北京市享受政府技师特殊津贴人员，2010年获得全国劳动模范称号。北京经济技术开发区“博大贡献奖”获得者、两区首批政府特聘专家；2013年，当选第十二届全国人大代表；2016年，获得第十三届中华技能大奖。

2012 年，赵郁在新车测试现场。

当赵郁还是流水线上一个普通学徒的时候，他从没想过有朝一日会成为公司的首席技师，更没想过能成为全国劳模。

他只是心无旁骛地做好自己的本职工作，二十几年如一日地专注于提升自己的技术，最终从一线装配工成长为全国数一数二技术大师，将工匠精神发挥到极致。

攻坚克难，苦学技术

赵郁进入汽车行业是机缘巧合。

1988 年的高考失利，对赵郁来说，是一段痛苦的记忆。面对已经出国深造的两个哥哥，面对对他寄予厚望的工程师父母，赵郁感到很愧疚。不过自尊心很强的他，并未就此沉沦。从报纸上看到第一家中外合资企业——北京吉普汽车有限公司的社招信息，他就偷偷去报了名。

被录取后，赵郁先接受了半年的理论培训和实操学习。虽然出身“高知”家庭的赵郁从小没吃过苦，对于又苦又累的修车工作，他却是铆足了劲想干出个名堂，不为别的，就想靠自己的劳动养活自己。由于赵郁各方面表现较好，半年实习期才过半，他提前三个月转正了。

赵郁接触的第一个岗位是在 212（军车吉普）流水线上当最基层的风挡玻璃装配工，这项工作看起来比较轻松，但因为是手工操作，在风挡框架上揉胶条稍不均匀，安装时容易碎裂。这在车间里已经成了公认的难题。可是赵郁不怕困难，他想尽办法，在胶条的柔软性上下功夫，结果在这个岗位上，他创造了连续装1000块“212”前挡风玻璃不破碎的纪录，被评为优秀学员。

这个小小的成果让他提高了自信心，他开始向流水线上的老员工学更多的技能，熟悉所有工位的工作，从一名玻璃装配工走向机动工。虽然机动工有更多的休息时间，但是赵郁可一点都闲不住，他不断到别的流水线上请教各方面的技术牛人，给师傅打打下手、递递工具，即使有时候只能在旁边看着，他也认真地拿本子和笔记下来。

达成一个小目标就增加一点积累。“师傅各有各的绝活，只要肯虚心去学总能有收获。大不了上中班早点来，上晚班晚点走。”这个师傅眼里不怎么说话的赵郁，学起技术来一点也不含糊。

2010年，北京奔驰举行“赵郁创新工作室”揭牌仪式。

每天回家之后，赵郁躺到床上，脑子里会像过电影一样，把当天“干了什么、怎么干的”在脑海中过一遍，他坚持写工作日记，日积月累下来，竟有厚厚的六七本笔记。每当遇到问题，他就翻出所有相关的笔记，总能发现些规律，较快找到解决办法。同时，自己的归纳总结能力也不断提升，这为以后处理更多更难的问题打下了基础。

人都有畏难情绪。刚开始赵郁也很怕问题，遇到故障就不知所措。慢慢地，遇到的问题多了，解决问题也越来越得心应手，到后来，赵郁甚至喜欢上了解决问题，在自己负责的工作和领域中，总是带头挑战难题。

1993 年，赵郁成为调试工，这个工位要对整车进行全方面调试，包括安装间隙、安装零部件等，对各方面的技术要求比较全面。1995 年，赵郁开始接触电气维修，成为一名电工，从初级工干到高级工。经过多次的转岗，赵郁已经积累了比较全面的汽车制造相关知识。2000 年，赵郁通过参加公司组织的理论考试和实操考试，获得中级技师职称。

关注细节，精益求精

现在学习技术的条件比以前好，互联网很方便，只要百度一下“发动机为什么不着”，“哗”的一下出来 100 多条答案，赵郁认为这纯粹只是解决了当下一个具体问题。

当年赵郁去图书馆，得花很长时间把发动机的工作原理摸透，再去请教工程师，整个过程可以对发动机知识有更加全面的掌握。这比起运用网络搜索单纯解决一个具体问题，受益太多。

赵郁的技术探索，并没有什么捷径，就算是简单的装配，装 100 次跟 10000 次，干出来的活不一样，成品质量也不一样，

"有量的积累才能有质的飞跃"。

也许装 100 次和 10000 次做出来的汽车，对消费者来说并无区别，但对一个技师来说事关技术是否过硬，对北京奔驰来说事关汽车质量和品牌。

赵郁的师傅有一句话让他印象深刻，"在你所负责的领域，你可以会干不干，但不能出了问题解决不了。"这也成了他对自己的要求。

每次遇到问题赵郁都做记录，再跑到公司图书馆翻书，分析电路图，由此总结出经验，以后遇到问题他就能快速判断原因。当时没有汽车电路图，还得靠自己一根一根去剥电线，再一个个节点去连接，去画图。这个看似费力的方法，赵郁一直在坚持。

赵郁认为，方法看上去虽然笨，但在这个过程中，收获很大。在捋顺的过程中，对整车的线路有非常全面的了解，印象也更深刻，对以后工作帮助很大。

像剥电线这样的"笨功夫"，赵郁下得可不少。赵郁的同事透露了一个小故事：赵郁曾经解剖过变速箱，上万个零件拆下来，都剖去一半留一半，再自己组装回去，形成一个变速箱剖面模型。在变速箱剖面涂上不同颜色，突出结构层次，可直观了解变速箱构件的传动。模型保留了传感器和执行器，可人为地通过软件设置变速箱故障，这不仅是一件培训教具，更堪称是一件"工业艺术品"。梅赛德斯－奔驰德国总部的人过来一看，都惊呆了，连连称赞，想不到中国还有这样的人才。

赵郁对于汽车构造的熟悉程度，已经到了庖丁解牛的地步。他曾经把整车的一半拆了，线路剥离出来，再连接成汽车线路的模型，而另一半则保留不拆，形成对比。跟赵郁一起工作的同事感慨："这都是真本事！每一款新车型来，他都能摸透，虽然身在总装，但其他工艺他也都懂，涂装、焊接他样样都会。"在北京奔驰，赵郁的故事被员工口口相传，其匠心精神感动了许多人。

现在技术发达了，流水线的自动化程度也高了。但赵郁却觉得机器把人变傻了，"以前都是手动检测，现在用电动检测仪，再按故障码去找故障原因。简单故障的话，故障码能帮你解决，复杂的话故障码可能把你带进死胡同，还是解决不了，毕竟它也是人编的嘛，还是得靠人的经验。"

2006年，克莱斯勒300C新款上市，使用了几十块控制模块，最初试装下线的车不能正常点火，公司特意从北美找来专家，待了一个星期，也没解决问题，而新车上市的时间表已经排定。赵郁曾提过一种改进方案，但外方专家没有采纳。看着停车场里的新车，他不甘心就这样算了。那天晚上，躺在床上，赵郁脑子一遍遍梳理着该故障发生以来的每一道处理程序。他转换了思路：既然按售后维修的方式解决不了，如果把它当成新车，从装配角度去考虑行不行？他列出了与故障相关的五种模块，盘算着把这五个模块重新装一遍，问题应该能解决，但又担心这些模块加起来成本要一万多，风险太大。得到领导的信任和支持后，为了降低成本，赵郁想来想去只换了四个模块，最终排除了故障。连外方专家听到消息都连声说"佩服！佩服！"

赵郁就是一位汽车制造领域的工匠，对自己所追求的技术领域不断琢磨，而后做到极致。

如果每个人都用这种思维去干好本职工作，最后合到一块，这辆车质量能不好吗？企业效益能不好吗？

知恩图报，赤子之心

2005年，北京吉普变身北京奔驰，赵郁参加全国首届汽车装调工大赛获得优胜奖，直接被升级为高级技师。2007年，他被公司聘为汽车装调首席技师，并被奖励了一部欧蓝德越野车。同年，他获得“首都劳动奖章”“全国机械工业职工创新能手”；之后更是被评为中国汽车工业杰出人物，成为首批享受北京市政府技师特殊津贴人员，被评为全国劳动模范；身兼全国人大代表和中国工会十六大代表。

2006年，北京奔驰的产量很大，一天400部，赵郁所在的总装车间只有他和徒弟宋子卓两个电工。电工的技术含量比较高，作为整车调试的最后一道防线，赵郁压力很大。当时正赶上赵郁的爱人生病，他一个人要照顾爱人还要兼顾工作，两三个月也没怎么休息，就这么扛过来了。

作为汽车行业顶尖的技术人才，每年都有猎头公司想挖墙脚，甚至两三个月就接到猎头电话，但赵郁从未想过离开。

赵郁的道理很朴实——公司培养你，你得报答。于个人而言，你要一直走在汽车行业、技术行业的最前沿，得不断学习，这离不开公司这个大平台。到私企或者4S店，刚开始可能待遇不错，但拿不出多少资金培养人才，而是一直吃老本。北京奔驰每年都会提供新技术培训，每年新车型上市前，公司都会送一批优秀的一线蓝领工人去德国总部培训，短则两周，长则几个月，所有费用公司出，这在其他公司不可想象。

2009年初，为了次年的新车型在北京投产，赵郁就被派往德国受训，这也是他第一次有机会跟国外专家一起交流和工作。

站在技术前沿是赵郁的追求，也是所有技术人才的目标，一支强大的高技能人才队伍更是中国成为从制造大国变成制造强国和智造大国的必备条件。作为首席技师，赵郁对此深有体会，而作为人大代表，他也一直在为此而努力。

在任北京市人大代表期间，他提出《以北京开发区为试点，大力培养高技能人才》等议案，并推动议案落实取得成效。在其推动下，开发区在区内高职院校建立了技能人才实训基地，近10万名一线员工在区内院校培训后可取得职业资格证书。当选全国人大代表后，他先后提交《借鉴发达国家校企合作模式，培养高素质技能人才》、《改进职业教育，加强技能人才培养》等8项代表议案，引起全国人大及国务院有关部门的关注。全国人大教科文卫委员会曾两次到北京奔驰调研，了解职业培训和校企合作情况，征求对职业教育法修订的建议。

北京奔驰的人才培养体系相对完善，该公司所在的亦庄开发区，尊重高技能人才的氛围尤其浓厚，赵郁深有体会。亦庄管委会开展了专门针对技术人才的培养计划，组织专题培训讲座，例如围绕“大国工匠精神”主题，邀请了高校老师开讲座；针对技师获取证书的难题，出台相应的扶持政策。随着进入北京经济技术开发区的公司越来越多,亦庄开发区越来越呈现出繁荣景象。赵郁还记得，北京奔驰刚从劲松搬到亦庄开发区的时候，亦庄开发区还是一个偏僻的工业区，车少、人少，甚至能上路练车。但现在的亦庄开发区，住宅区多了，绿化好了，综合商场也多了，比起以前有了天翻地覆的变化。

匠心传承，不断创新

2009年底，由北京市总工会和北京科协发起成立了十家创新工作室，赵郁创新工作室也是在这样的背景下挂牌成立的。2011年，北京市人力社保局为该工作室颁发“首席技师工作室”称号。2012年，赵郁创新工作室通过评比、验收，获得人社部和财政部共同下发的“国家级技能大师工作室”认定。

随着工作室的成立，赵郁的工作重点转移到员工培训、考核、技能大赛、技师立项和促进经济生产的技改技革方面。他为总装车间培养了大量的技术好苗子，为流水线上的关键工位输送人才，同时仍然处理着生产中遇到的疑难杂症。

在员工培训中，原本枯燥的理论培训效果不佳，也不容易理解。线路图理论复杂、抽象，赵郁就把线路图平铺在两层可移动的平板上，做成整车线路模型，看着平板可以想象出汽车头部和尾部位置。这种模型比理论学习更加生动形象，但还是不够直观，在团队共同的改进下，第二版本的模型做成了一辆车的线路框架，看起来更紧凑和立体化，甚至不同控制系统的线路上装有不同颜色的灯，打开之后，所有系统一目了然。

除了创新技术培训，工作室还密切结合生产实际，开展精益生产的创新，如：设计制作特殊工装"驾驶员气囊拆卸工具"，拆卸时间节省 2 分钟 / 车，此成果还推广到 4S 店维修工作中，甚至推广到德国；制作"高压电池拆卸卡具"，调修省时 30 秒 / 车；设计"尾灯安装标准卡具"，间隙平顺度合格率达 99.5% 以上；设计开发"自动导引小车"，以提高零件配送效率，将生产节拍提升 10%；自制多功能装配小车、随行料架，使得瓶颈工位装配效率提升 15% 以上。将一些重复机械的零件配送工作交给机器，释放出人的积极性与创造力。

赵郁理解的创新并不是大改大革，而是干以前没有的事，用新方法，打破老框架。他的想法充满幽默——创新就是想方设法少干活。

在人才培训中，赵郁是良师，也是益友。教徒弟常常要先交朋友，在和谐的氛围中沟通，他们遇到问题，赵郁会先让他们自己想办法解决，然后再坐下来交流各自的想法。以前是师傅说怎么干徒弟就跟着怎么干，现在这种方法改变了。

赵郁注重调动徒弟们的能动性，培养他们判断和解决问题的能力，让他们自己走了弯路，动脑思考后再传授经验。他还会为需要的徒弟开小灶，鼓励他们多参加技能大赛，久而久之，年轻员工不仅收获了经验，思路更广阔，也更敢于表现自己，更自信了。

赵郁的徒弟梁康，家里就是做汽车维修的，从小耳濡目染也有了点小功底。2013年，26岁的他成为厂里最年轻的高级技师。获奖之后，梁康觉得师父好像突然变冷淡了，更严厉了。以前鼓励比较多，现在哪怕他做得很好，师傅嘴里说出来的也不是表扬。对于这种变化，赵郁可是用心良苦——他太年轻了，才26岁，得了第一之后反而得压着，多给困难，有时得说反话，不然心态很容易浮躁。

在梁康眼里，师父很有耐心，对技术的分解比较细，比如故障，先教怎么检测，再教各种排除方法，最后再把自己总结的思路一点点灌输给他。师父还非常鼓励创新，在他的带动下，徒弟们总会冒出一些新的想法。梁康现在就正在做一份电子维修手册，用以帮助现场问题的快速维修。

2016年，赵郁（后排右四）获得第十三届中华技能大奖，出席高技能人才表彰大会。

都说十年磨一剑，对赵郁来说，何止十年。别人看到的更多是他2007年成为首席技师之后的光辉成就，当全国劳模、人大代表、享受政府技师特殊津贴。

别人看不到的是他静下心来做技术的十几年，一步一个脚印的积累。如今，他拥有了更多的头衔，肩负着更大的责任，但是工匠之心不变，他要将这种精神永远传承下去。

科技家感言

培养高技能人才迫在眉睫

我国要实现制造强国的目标，高技能人才的培养应快马加鞭。我一直工作在现代制造业的第一线，现在我国制造业高级工的数量非常缺乏，7000万的产业工人中只有1/3是技工，其中初级工占到60%，中级工占35%，高级工仅仅占到5%，我国制造业生产一线高级人才的短缺制约着我国成为工业强国。

目前职业院校课程在内容以及实际动手能力操作培养上与企业需求有一定差距，机制体制上对高技能人才的培养不足，培养培训机构能力建设滞后，薪酬激励保障体系不健全，技能人才普遍存在发展通道不畅、待遇偏低、社会地位不高等问题。

应该优化目前的教育布局，引领职业院校走向校企合作、课堂与市场衔接、课程开发与企业需求相融通的创新发展道路，重视应用型人才的培养，引导更多综合类高校向应用技术型人才转型，培养更多的应用型人才。

刘泳：

呕心沥血“孵”得花满园

企业家小传

刘泳，汇龙森国际企业孵化（北京）有限公司的创始人，带领其团队，从零起步，在短短10年间建成30万平方米的创新孵化载体。他所建立的汇龙森孵化器经历了从物业型孵化器到专业型、投资型、产业链型孵化器的蜕变升级，累计孵化企业近1300家，“毕业”企业430多家，近年来每年为地方贡献税收达10亿元，成为创新要素的聚集者、产业链要素的缔造者，为国家的双创事业做出了重要贡献。

2012年，刘泳在书香四溢的办公室思考汇龙森的新发展。

站在窗户，汇龙森整个园区尽收眼底，一个个创业者在这里孵化蜕变，形成百花齐放之势——这是一个曾经为生计发愁的高校老师一手创造的帝国。

他就是刘泳，从一个普通学生，到高校教师，再到创业者，他走过弯路，有过失败，吃过苦头，最终成就了自己的事业，成为一名成功的企业家。

辞职创业遭受失败

刘泳的办公室在十层，古典雅致的桌椅摆设，巨幅书法“厚德载物”跃然墙上，气质如他，低调沉稳。

1987 年，刘泳从北京理工大学的工程管理专业毕业，被分配到地处湘潭县楠竹山镇的湖南国防工业职业技术学院，担任管理学教师。每周两节课对他来说“太轻松”，一成不变和闲适安逸并不是刘泳想要的生活。

当年正是邓小平南行后，广东等沿海地带改革开放、快速发展时代，到南方去、到改革开放的前沿阵地去成为当时的主流。

他向往着外面的世界，闯荡一番的想法常常拨动他的心弦。终于有一次，趁着假期的空档，他带着自己的学生，南下到改革开放的最前沿广东、海南，先是到当地的学校去交流，再到当地的企业去考察。第一次，刘泳看到了一个不一样的世界。

一直到1992年，刘泳终获得了南下的机会，他带着借来的部分资金，和几个同学一起加上一个国有企业投资，合伙到海南创办了一家公司，希望利用北理工火药专业优势和湖南浏阳烟花优势，在三亚建立烟花鞭炮生产销售基地。

他从无到有创办公司，从市场调研开始，到品种选择、财务规划、人力资源、安全运输、店面选址、市场营销，大学所学的管理理论知识在这里得到了全面的实践。

创业是艰苦的。

为了发展，公司首先从贸易开始。产品湖南浏阳进货，由于要从不同厂家配货，各个厂家质量参差不齐，最担心的就是假冒伪劣；再就是商品安全，易燃易爆产品最担心就是发生危险。

从湖南到三亚，除了相关运输手续办理麻烦，几天随车押运中的各种关卡障碍，都需要考验人的智慧和胆量；当货物到三亚，还得靠自己一箱箱扛到仓库，这可是由纸张、泥土、炸药组成的一百多斤的土疙瘩。

这一切，对于一帮没有经历过太多世面的大学生、创业者，无论从体力还是心智，都是从未有过的历练。当然，付出还是有收获的，当谈到公司在三亚第一市场的专业店面开业盛大场面，圣诞节在大东海新品推出时中外游客震惊的眼光，包括公司在头一年多的经营方面取得盈利，作为一个创业者，刘泳回忆这段时光，尽管辛苦但仍然能感受到他的满心喜悦。

但是，好景不长，由于烟花鞭炮在安全监管上的特殊性，两年的时间，也没有将生产许可手续完成，加上第二年一批货物出现质量问题，尤其在人员合作方面出现致命问题，导致控股国企资金撤资，三亚创业项目宣告失败。

从三亚天涯实业公司的失败，刘泳既积累了一些经验，也得到了不少教训。经历了创业的实践，他意识到了在一个团队里，核心人物是关键，而团队协调配合、齐心协力才能成就一番事业。尽管有政府审批的外部原因，但年轻气盛、眼里揉不得沙子，团队的不成熟是海南的事业走向失败的内因。

低谷蓄势东山再起

三亚项目的失败，这个充满创业激情与理想的青年陷入了低谷，眼前的生计问题成了他第一发愁的事情。尽管如此，刘泳也不愿意再回湖南。没有退路的他只能硬着头皮去了一家刚开不久的医药企业应聘。这一去，让药企的工作人员充满讶异，他们不敢想象，一个北理工的毕业生竟然跑来这小工厂，连药厂领导也都跑来看他这个“怪物”。

刘泳就这样在所有人怀疑的眼光中笃定地进入了药厂，因为一方面他太需要一份马上能赚钱的工作了，经不起慢慢找、细细挑，另一方面，在他眼里，这里有很多学习机会，可以重新开始。

刘泳进入药企后，熟悉了整个企业的运作，凭借自己的专业知识和创业经验，从药厂的生产、人力资源管理到市场推广策划，刘泳在各个环节做得如鱼得水、井井有条。很快，他就得到了领导的赏识，不久就分管了药厂的区域和全国销售，一步一个台阶，一直做到参股股东和公司管理层。

6 年多的时间里，刘泳在不同岗位尤其在负责整个市场销售时得到了进一步锻炼，对大环境和社会现象也有了更深的了解。见惯了起起落落的刘泳被岁月打磨得愈加沉稳睿智，创业的梦想重新燃起，他要干自己的一番事业。

2000 年，刘泳离开了药企，到北京找寻创业的机会。那时候地产业刚刚起步，刘泳也想以此为基石，开创自己新的事业版图。考虑到有限的资金，刘泳将目光瞄准了亦庄的一个烂尾楼工程。有过创业经验的他算了一笔账，亦庄当时的房源特别少，租金较高，如果能够以合理价格收购，在较短时间应该可以实现盈亏平衡，收购烂尾楼可以避开项目再审批过程，使项目得以迅速落地实现收益。

这个烂尾楼工程原是一家中德合资药企的项目，1998 年金融危机导致企业资金链断裂，当时药企已经购买了机器设备，研制出药品并拿到了批文，因此他们打算把在建工程、设备和新药批文打包转让，但谈了几十家都没达成协议。

刘泳对药企可不陌生，他分析诸多利弊，说服以严谨闻名

2009 年，致力打造国际企业孵化器的刘泳出国考察。

的德国人转变思路。刘泳告诉对方“如果项目再耗下去，设备折旧损失就是一大笔钱，新药上市时机肯定也错过了，还不如拉回新设备，把烂尾楼工程转卖收回资金，减少损失”。策略性的建议加上锲而不舍的精神，在经历了 8 个月的艰辛谈判后，刘泳终于拿下了项目。

烂尾楼工程在 2003 年完工，面积 16000 平方米，主要出租给企业，用于初创企业的孵化，这成了汇龙森国际企业孵化（北京）有限公司的第一个园区——汇龙森科技园。

为什么会选择做孵化器？这和刘泳当时接触的朋友有很大关系。北京市科委的创业中心主任颜振军是孵化器行业的第一个博士，当时北京市刚刚出台孵化器发展支持政策，建议结合政策做民营孵化器，在当时以国有企业为主的孵化器行业这也是一种突破，科委一定会全力支持。喜欢关注宏观政策的刘泳，当然不会错过这个好机会。

2003 年 5 月正是“非典”肆虐的时候，亦庄开发区的部分外企纷纷考虑从北京撤退，而汇龙森科技园却在这个特殊的时期开园了，而且在开园之际还吸引了两家外资企业的入驻。当时亦庄管委会领导来参加剪彩仪式，看到这个情况，大为惊喜并高度称赞。一时之间，北京各大媒体争相报道，汇龙森科技园名满京华，一万多平方米，半年就招租完毕。

孵化器蜕变升级

企业进来了，孵化器如何服务好这些企业？成了一个新的课题。

刘泳觉得最关键的是提升员工的服务意识和服务能力。首先就在园区物业服务上下功夫，解决企业到园区后员工的吃喝拉

2016年，刘泳在公司 logo 前。

撒睡是最基本的服务内容。一个小小的例子：只要一下雨，公司的服务人员就会在门口拿着伞，汽车一到就走到车门边将客户接到楼内，避免淋湿。虽然一件小事，却得到了客户的交口称赞。

当然，除了基础物业，更深一些的企业需求也逐步得到满足。公司要求负责服务的员工得熟悉企业创业必须办理的各种手续，熟悉掌握北京市各级企业支持政策，每个人都能够为企业办理工商注册、政策对接，在此基础上帮企业进行项目申报、人才咨询，包括政策落实等一系列服务工作，极力为各种企业创造好的创业环境。

神州细胞是汇龙森孵化出来的企业之一，创始人谢良志是位留美海归。他们在科技园租用了生物医药实验室，里面全是高精尖设备，对物业服务的要求极高。有次开发区的供电公司遭到雷击停电，由于缺乏应急供电设备。神州细胞实验室人人像热锅上的蚂蚁，急得团团转，因为那里培养的细胞，断电 2 个小时可以，4个小时可能就会有巨大的损失。

谢良志当时发现就急了，找到刘泳说明事情的严重性，刘泳这才意识到这一类型企业的特殊需求，并及时与管委会和供电局联系，最快速度保证了电力供应。从那以后，汇龙森就加强与供电公司的联络沟通，一旦停电，什么时候停、停多久都会提前通知，汇龙森对入驻企业也通知到位，并准备好应急供电设备，确保企业正常的生产经营。

随着这一类企业的增加，包括对这一类企业的深入了解，刘泳意识到仅仅是满足一般的服务还不够，需要进一步深入了解企业需求，只有培养专业队伍，才能为企业提供更为专业的服务，

2014年，喜欢黑啤的刘泳在黑啤巨幅广告前留影。

孵化器要走专业发展的道理。

2005年，在北京市生物医药促进中心的支持下，合作成立了为生物医药企业服务的北京京师利源生物公司，从此，汇龙森开始了专业化发展的道路。通过搭建专业化团队，投资三千多万建设园区公共实验平台，联合园区企业共建生物实验室，入园企业不仅可以租用专业实验室、专业设备，同时有些项目还可以委托平台团队进行研究开发。

这一系列的专业服务，大大减少中小创企业初创成本，缩短了项目研发时间，使得创业成功率大大提升。在园区提供服务的同时，同类企业的聚集也开始形成产业聚集效应，产业链、上下游合作、资源共享、共同发展成就了园区良好的专业创业氛围。

随着专业化的发展，目前，汇龙森又在先进陶瓷材料、医疗器械等专业方向搭建专业队伍与专业平台，专业化发展已经成了汇龙森孵化器发展的标志。由此也带动了亦庄开发区特色产业园的蓬勃发展。

随着汇龙森科技园的不断发展壮大，2004年，汇龙森又新建了一个4.8万平方米的园区，并于2005年竣工投入使用，主要对医疗器械企业提供专业化服务。2007年，汇龙森兴建了第三个园区，主要为生物医药和新材料企业提供服务。经过14年的发展，汇龙森科技园现已拥有自建30万平方米和托管30万平方米共近60万平方米的园区，600多家企业入驻，他们主要分布在生物医药、新材料、医疗器械、IT、高端制造等产业领域。

早在2004年，汇龙森科技园园区的中小企业统计数据显示，园区企业创造了近二十个亿的产值，这给了所有人一个大大的惊喜，连刘泳自己也没有想到。

他们当时只是一心想着怎么经营、招商，没有跳出自己去看整个区域的发展，后来才发现孵化器对区域的影响这么大。

现在园区企业超过600家，园区产值超过200亿，税收超过10亿，形成了园区产业密集、人才密集（“千人计划”17人、70多名北京市“海聚工程”高级人才）、知识产权密集（占亦庄开发区1/7），看到这一切，刘泳感叹“科技园真的是经济发展的非常重要的抓手”。

刘泳从一个孵化器的门外汉慢慢摸索，探索出自己的发展模式，奏响了汇龙森发展的三部曲。第一阶段从物业服务到基础性的企业服务。第二阶段是提供专业化的服务平台，第三个阶段也就是汇龙森未来的发展方向——国际化，不但在国内，而且要在国外为创业者提供专业的公司服务。

刘泳一直强调，建设孵化器不是作秀，而是要从务实的角度出发，探索出有自造血功能的可持续发展模式，这样才能得到行业的认可。

2016年，刘泳在汇龙森创业讲堂上与北京市众创空间牌匾合影留念。

企业家感言

让孵化器成为科技创新的摇篮

当汇龙森最初进驻北京经济技术开发区时，很多人对孵化器并不了解，更多关注的是世界500强企业的入驻。后来孵化器产生了巨大的效益，这才引起了各方的高度关注。如今，孵化器的重要性已经被认识到，这将为中国的经济发展带来机遇。

过去几十年里，我国经济发展的主要模式是在政府推动下，利用低成本要素形成的。未来，我国经济发展中创新驱动将发挥越来越重要的作用。孵化器发展、科技成果转化需要进一步探索体制机制创新，这是未来发展的关键。希望各方面能更好地解放思想，加强引导，让更多社会力量参与到孵化器事业中来，探索更多符合国情的孵化器发展模式。期待未来我国科技企业孵化器能够百花齐放，让孵化器真正成为科技创新的摇篮、未来经济发展的希望。

曹志刚：

“大国工匠”御“风”而行

企业家小传

曹志刚，1975年出生，新疆乌鲁木齐人，毕业于新疆工学院，大学本科学历，曾在新疆风能研究所、新疆新风科工贸有限公司工作，历任金风科技电控事业部部长、总工办主任、副总工程师，现任新疆金风科技股份有限公司执行董事、副总裁、风机业务单元总经理。从1998年至今从事风力发电机现场调试、运行维护、风电场的建设、电控研发。先后作为主要技术负责人之一参加国家863计划、国家级火炬计划、国家重点科技攻关项目等多项技术攻关项目。

曹志刚在办公室。

转型升级，国之大略。

然，转型勿忘根本——工艺、质量是制造业核心技术，也是风电设备"牛"企——金风科技制造的"产品"。

近几年，这个风电设备企业"火"了，金风科技以780万千瓦的新增装机容量位居2015全球风电新增装机容量排行榜第一位。

事实上，在过去的10年时间里，金风科技在中国风电企业排行榜上，已连续6年稳坐头把交椅。作为风电设备行业的标杆性企业，金风科技的强势表现，给正在走出行业下行期的风电行业注入了信心，也为我国推动能源结构转型、新能源开发利用注入了"强心剂"。

在金风科技的稳健发展道路上，曹志刚是主要贡献者之一。这位70后的掌舵者，个头不高，身材偏瘦，但在金风科技中却被委以重任，担任执行董事、执行副总裁。

如果从20世纪90年代离开象牙塔算起，他与金风科技的结缘已经将近20年。这20年的岁月，曹志刚见证的不仅仅是金风科技的发展，更见证了国产风电设备一步步登上与国际巨头同台竞技的发展历程。

追风的"援疆少年"

祖籍河南的曹志刚，是一位"援疆二代"。从呱呱坠地起就与新疆结缘的曹志刚，操着一口流利的普通话，丝毫听不出"新疆口音"，也听不出河南乡音。

在曹志刚看来，新疆自古以来多民族聚居，各种文化相互交融碰撞。这样的文化氛围，也影响了他的职业生涯选择——更愿意去尝试新的文化、体验新的事物。

曹志刚在仔细研究数据材料。

1994 年，曹志刚考入了新疆工学院（现新疆大学），学习电力系统自动化专业。在 20 世纪 90 年代，火力发电和水电是我国电力主体能源，技术体系已经比较完善，而且中国的煤炭资源十分丰富，很多人认为，学习火电专业，就再也不必为找工作发愁了。

1998 年，即将毕业的曹志刚获得了一次到达坂城风电场参观学习的机会。那时，风电场大部分设备还处于投资建设时期，德国的企业在现场做技术指导。

首次接触风力发电的曹志刚心里百感交集。根据之前在校的火电厂实习经历，在他看来，国内的火电技术已经十分成熟。如果选择到火电厂工作，只需要按照标准化的流程操作即可，自己可以发挥的空间很小。当时人们对风电的认识并不多。对于刚刚准备走出象牙塔里的曹志刚而言,风力发电更是只停留在课本上。

不过，在火电和风电之间，更乐于挑战新事物的曹志刚，毅然选择了风电,并在当年大学毕业时进入了新疆风能公司工作。

曹志刚回忆，在更早之前，国家科技部立项的 85 攻关项目主攻产品的设计和研发，主要任务是让国家能够实现风电设备的自主生产制造。遗憾的是，这个项目最终并没有达到预期目标。当时，几乎全部的风力发电设备都要依赖进口。

曹志刚就职于新疆风能公司时，正处于 95 科技攻关时期，新疆风能公司旗下成立了新疆新风科工贸公司，其目的就是研究如何实现风电设备的国产化。这个公司，也就是现在新疆金风科技股份有限公司的前身。

如果说，最初进入风电行业是兴趣使然，那么曹志刚后来真的将兴趣做成了事业，不仅是参与技术研发，建设研发团队，乃至于整个公司的运营和管理。当然，曹志刚一直都没有脱离研发和创新团队，多年来他既是技术专家又是企业带头人。中国的风电不再停留在实验室，而是进入厂房车间、转出了产业化和规模化。

2001 年，曹志刚参与的“600 千瓦国产化风力发电机研制”荣获自治区科技进步一等奖，在北京召开 2000 年度国家科技奖励大会上被评为“优秀科技进步奖”，2003 年获国家科学技术进步二等奖，自治区科技兴新领导小组科技兴新贡献奖，国家专利优秀奖，“新疆青年五四奖章”……

18 年来，曹志刚这个当初的追风少年一直奋斗在风力发电行业生产与科研的第一线，从事国内外各种进口风机的现场调试，运行维护、风电场的建设、国产化风机开发研制、技术管理和公司的运营工作，成为新疆金风公司早期的开拓者和创造者之一。

曹志刚还是国家“863”课题大型风力发电机——兆瓦级风机电控系统开发课题技术负责人，研究试制了 1.5MW、2.5MW 主机控制系统、全功率变流系统、自主变流器的研究和应用、长寿命电容备电变桨控制系统等全套风机电控系统，并完成了相应产品的批量产业化工作，得到了市场认可。

曹志刚参与的“600KW 国产化风力发电机开发研制”项目，该项目在1999年12月通过国家科委鉴定验收并填补了国内空白，整机性能和引进的风力发电机组相当，属国内领先水平。

2010 年 8 月初，金风科技的风机在国内首批通过由电科院权威验证的低电压穿越测试，适应了电网建设的新要求，是中国风电行业发展提供并网友好型产品的重大成果，具有里程碑意义。

18 年弹指一挥间，从新风科工贸到今天的金风科技，变的是名称，不变的是人和情怀。在金风科技，像曹志刚这样的“追风少年”还有很多，他们大多默默无闻并不为人所知，不论是风场一线的年轻小伙，还是总装厂一线的老师傅们，他们都是大国工匠，成功实现了风电机组全部国产化，见证了我国风电行业的起起落落。

曹志刚在会上咨询交流。

行业下行淬风电"利刃"

行业在上升期的时候，产品供不应求，外人看来是光鲜亮丽。不过，在一片欣欣向荣的高速发展中，行业内部的人便会看到蕴藏着的很多风险。在后来接受媒体采访时，曹志刚说的最多的一句话，却是感谢风电行业的下行周期，正是它撕裂了一切热闹和浮华，让大家对整个行业有更深刻的理解。

二十一世纪的前十年，我国风电行业快速发展。而在这个高速增长的阶段，企业之间更多的是拼发展速度和产能规模扩张。这种粗放式的发展方式，带来的核心竞争力缺失。

曹志刚清醒地认识到，当时我国对风电企业的设备国产化率有严格的要求，这一政策的初衷是为国产风电设备提供更好的发展环境，不过，也在国产设备发展过程中遇到一些问题。一些企业片面地认为自己已经可以和国外同类产品同台竞争，而其却没有认识到实际的差距。

事实上，每个行业都会经历波动期，这也是对企业管理、产品品质的重大考验。优胜劣汰，风电行业是高技术含量的行业，一个小的质量问题就可能导致全盘颠覆。曹志刚印象深刻的是，在 1998 年他刚参加工作的时候行业排名前十名的制造商，十年之后仍居前列的只剩下一两家了。

在不断反思中，金风科技在行业“飞速扩张”的浪潮中主动放慢了发展的脚步。2008 年，风电设备兆瓦级产品发展很快，风机的主流产品从原先的 1000 千瓦以下，突然变成了 1500 千瓦。金风科技的签约量也很大，不过，金风科技反而主动推迟了多个合同的履约。

曹志刚回忆说，当年，行业快速扩张，产品快速升级，齿轮等重要零部件的问题逐渐显现出来。公司为了严格把控每台风机组的品质，不惜背负不能按期履约的名誉，也要确保将合格的产品交到客户手里。

这一决定，让曹志刚和他的团队在心理上承受着巨大的煎熬。一些人不理解，甚至认为曹志刚是在“跟钱过不去”。不过，曹志刚认准了“死理”——真金白银也换不来企业的品牌和口碑，即便付出再大的代价，也要对产品负责、对客户负责。

在风电行业突飞猛进的那几年，大型发电公司都在快速扩大装机规模。不过，到了 2011 年，风电行业下行期如“急刹车”，很多企业在此栽了“大跟头”。

曹志刚坦言：经过这一轮的洗礼，现在企业的招标规则也发生了根本变化，由之前的以设备价格为主，到现在主要以发电效益为导向。比如，投资一个风场，过去很长一段时间，人们更在乎的是购买风机的价格，而不是风机可以带来多少综合效益。不过，经历了风电行业的调整，人们从看重价格到看质量、由单纯的成本导向到客户价值导向，这种变化是一个质的飞跃。

不过，曹志刚又关注到，由于发电机、齿轮箱等来自不同的企业，而且这些企业很多并不是专门的风机零部件制造商。在产业链当中，产品不兼容，运行起来就会产生新问题。说到底，还是产业链建立的问题。如何调整全产业链，使产业上下游达到最优模式。这个问题不解决，中国产品到国际上仍然没有竞争力。

在风电行业重新迎来高增长之际，曹志刚提出，应该坚持"工匠精神"，营造精细化和重质量的大环境。在曹志刚看来，在互联互通的大工业时代，行业内部每个企业不可能单独存在，产业链大环境下使所有企业一荣俱荣、一损俱损。因此，必须各企业都把"工匠精神"摆在更加突出的位置上。

曹志刚曾多次到全球排名第一的轴承厂去参观。他还非常

曹志刚（前左一）在签约仪式上。

清晰地记得第一次去和他们交流的场景。对方做的轴承直径很大，70 厘米左右。按照曹志刚的惯性思维，在德国，生产环节一定都是高精密的设备，应该很少有人工参与了。但在参观过程中他们发现，这种轴承的生产有一个很关键环节，主要由人工来负责。

他当时很好奇地问对方，你怎么保证装配的产品（人工环节）可以达到高质量的标准？那位老工人回答他一步一步做出来就可以达标，没有那么多理由。又问对方在这个岗位工作了多少年？对方很平淡地回答有 20 年了。他在这个看似平凡但极其关键的岗位上，也经历了从生疏、到熟练再到精益的一个过程。而且很明显，他对自己的这份工作充满了自豪感。

曹志刚认为营造一个尊重工匠的氛围，必须从待遇上、成长通道上、成功的价值判断上等进行修正和优化。

“质量是生命线！谁打质量牌，谁才有未来！”目前，金风科技专门成立了质量评定专家组，以国内外的品牌质量为标杆，已经对 14 类零部件的 20 多个供应商拟定了多项高质量标杆培养计划，计划在未来的数月确定并在零部件厂家推广，力争在 3 年之内完成全优产业链的建设工作。

“亦庄这个朋友圈真的挺赞”

满打满算，金风科技在亦庄开发区投资建厂已经有 10 年的时间。这 10 年，金风科技从一家默默无闻的风电设备企业，成长为业界翘楚，登上了国际舞台。

曹志刚印象最深刻的是，当时选择到亦庄发展，正是希望寻找更优质的客户资源，加快走向国际市场的步伐。到了亦庄开发区以后，曹志刚发现，尽管当时的亦庄开发区还处于起步阶段，但周围已经不乏优质的“朋友圈”——在金风科技的周围，已经有了奔驰汽车、诺基亚等知名企业，这些企业几乎都是各自领域的佼佼者。

在曹志刚看来，亦庄开发区这些高大上的“朋友圈”，已经给金风科技这样刚刚起步的公司树立了很好的榜样。而且，随着越来越多的企业入驻，亦庄开发区也会不断强化服务意识，为企业的发展提供更多政策红利。基于此，曹志刚并不介意当时亦庄仍然相对荒凉，反而对金风科技的发展前景充满期待。

当然，曹志刚的信心，也来自于国家层面产业政策的持续利好。近年来，国家多次规定可再生能源在一次能源中的占比要求，在2016年的11月7日，国家能源局发布《电力发展“十三五”规划》，《规划》为突出能源结构转型升级的要求，还增加了一条：到2020年，我国\非化石能源消费占一次能源消费比重达到15%左右。

不过，做企业，光靠有信心不行，更得要有技术，要有独到的创新。为了更好地推动创新，金风科技大胆地启用年轻人，形成了一支以80后为主力的研发团队，只要年轻人有创新的点子、有清晰的思路，公司就会给其提供必要的支持，鼓励创新。

金风科技还在亦庄建了个超级大“菜篮子”——金风光伏智能温室。这是一座集光伏、节能绿色蔬菜等概念为一体的智能生态能源屋。温室顶部铺设了71.28KW的薄膜光伏板，自发自用，余电上网。种植采用滴灌、无土栽培等技术，自动化控制管理和物联网技术对植物生长周期和生长环境进行严格控制。管理团队也根据作物成长周期、生长条件合理配置种植计划，形成了高产低耗的农业生产模式。

虽然不好预测这种种植模式是否符合市场预期，带来效益如何？但这种尝试和创新也会在整个亦庄乃至中国新能源企业的“朋友圈”里掀起小小波澜。

金风科技正在努力用自身的改变向大家展示中国新能源企业的发展潜力。以梦为马，御风而行。

18年，曹志刚从当初的“追风少年”成为我国最大风电企业的“主心骨”之一。随着越来越多的人接过清洁能源的大旗，相信人类将拥有更多蓝天白云。

➢企业家感言

企业也要拒绝不合理的欲望和诱惑

“大国工匠才能造就大国利器。”这是我在风电行业奋斗将近20年最深刻的感受。过去20年来，中国的风电行业有高潮、有低谷，唯一永恒不变的是，这个行业需要有精益求精的“工匠精神”。

“工匠精神”是什么？“工匠精神”首先是要把提升精益制造能力、打造高质量的产品作为自己的追求。那也意味着要拒绝不合理的欲望和诱惑，在企业面临压力时能沉得住气。在行业发展速度很快的时候，更要权衡速度和质量，平衡短期利益和长远发展。

这些年来，金风科技一直希望与行业伙伴共同打造一个良好的产业链生态圈，使产业链从上到下能够应该清醒地认识到产品质量将关系到行业的兴衰。

我们相信，如果整个产业链条都能提倡“工匠精神”，都在追求高质量的产品，都在努力提升精益制造能力，那么整个风电行业，乃至中国制造，都将有更加美好的未来。

张大光：
央企大电商的先行者

企业家小传

张大光，美国波士顿大学工商管理硕士、美国麻省理工学院物流管理硕士、北京航空航天大学管理工程硕士，北京航空航天大学管理工程博士。现任中国航空技术国际控股有限公司副总经理、中航金网（北京）电子商务有限公司董事长。

2016年，波光粼粼映照下的张大光意气风发。

为回国效力，10万欧元年薪变10万人民币；峰回路转，突破重围，最终成为中国航空工业集团公司全球竞聘六名成功者之一，担任中航国际副总经理。

学霸思维的张大光，一直是“第一个吃螃蟹”的领导者。

当互联网与经济全面融合，互联网+就在深刻地改变各行各业的生存状态；

当互联网遇到招标采购，带来的不仅仅是传统模式的信息化，而是行业创新生态的变革。

张大光就任中航金网（北京）电子商务有限公司董事长以来，组建了30余人规模的团队，通过一系列的改革，使公司从一个普通的电子商务解决方案提供商转变成为中国航空工业的全球化发展提供支撑平台的信息化支持单位。以服务航空产业为核心，从产业信息化入手，全面提升自身的规划、设计和营销能力。

对公司定位、业务架构、经营模式、人才结构等各方面都进行了改革，在物资采购信息化平台建设取得了优异的成绩，成为中航工业信息化建设的开路先锋。

“年轻的时候不能只想着赚钱”

张大光是个不折不扣的大学霸。

1989年，张大光考入了哈尔滨工业大学自动控制专业本科，

1996年又获得北京航空航天大学管理工程专业硕士学位，同年进入中国航空技术进出口总公司,任公司驻埃及代表处商务代表。

海外工作期间，张大光发现了国内企业与国际管理水平的差距，于是开启了赴美“取经”之旅。

抱着到发达国家学习先进的管理经验的目的，2001年，张大光赴美国波士顿大学攻读工商管理专业硕士学位，之后又赴麻省理工学院学习物流管理，并以优异的成绩完成学业。毕业后，他进入德国西门子交通运输集团任项目经理，负责韩国地铁2号线信号系统项目。

海外名校的校友文化的感染和熏陶让张大光深感受益。在张大光看来，在留学过程中，可以接触到不同背景的同学，对他的视野和思维有很大提升，有很多非常优秀的同学成了他的学习榜样，校友资源也为今后的发展提供了帮助，相比校友文化，其实最大的收获是自信心。

2003年，张大光加入德国西门子交通运输集团任项目经理，年薪10万欧元。尽管有着不错的岗位和薪水，但刚刚工作一年的张大光很快就有了回国的想法。

在张大光看来，在大公司工作虽然工资高，却也容易遇到职业发展的天花板，一眼就可以看到30年后的自己：最多做个项目经理，很难获得职业发展的提升，无法实现自身价值的最大化。

而就在此时，北京航空航天大学校办企业招聘负责人。看到这条招聘信息以后，张大光立即动身回国，应聘成为常务副总经理。尽管从薪金看，张大光在西门子公司的工资换算成人民币将近百万元，而回国之后的工资年薪不足十万元，二者相差足足十倍。不过，张大光对此并不在乎，在他看来，年轻的时候不能只想着赚钱，应该更多地考虑事业发展空间和机会。而且，有了年轻时候的沉淀与积累，相信自己以后有机会赚到这个工资。

2009年8月，张大光又通过全球竞聘成为中航国际副总裁，同时兼任中航金网董事长。中航金网公司，是中国航空技术国际控股有限公司的全资子公司，作为中航工业电子采购平台指定运营单位，负责中航工业电子采购平台的规划、建设、运营和维护，同时肩负着在系统内实施电子商务应用推广工作。再次回到中航工业的张大光，已经是中航工业信息化建设的开路先锋。

做央企自己的电商平台

中航工业集团是由中央管理的国有特大型企业，下辖百余家成员单位、近27家上市公司，内部供应商和外部供应商有近万家企业，是技术含量高、资本密集、涉及国防安全、反映国家综合实力的战略性产业，其业务是多元化、产业链长、分工细致、系统综合、大规模协同研制。物资采购兼具计划体制和市场经济体制特点，传统上以分散采购为主、集中采购为辅。采购对象主要为航空器制造提供所需的原材料、锻铸件、电子元器件等。所需各类物资品种繁杂、批量小、定制化、技术要求高，且社会化、通用化的物资品类少，需求分散，集中统一难度较大，成品、设备采购占比较大。

由于上述系统性、复杂性，各类物资供应除来自各工业领域，还有集团内单位及军方指定供应渠道，供应链业态极为复杂。

在张大光看来，供应链的复杂原因之一在于招投标双方没有共享的信息体系。但借助互联网技术，这种问题便可迎刃而解。互联网与经济社会的融合创新，已成为不可阻挡的时代潮流。企业信息化已不仅仅是信息技术在企业的简单应用，而是信息技术应用与企业原有的生产方式、经营方式、管理方式进行全面融合，从而促进企业战略目标实现的过程，信息化能力直接关系到企业的兴衰成败。

张大光一直在思考，淘宝、天猫、京东等电商的巨大影响成为有目共睹的事实，但电商大战中为何缺少国企尤其是央企的影子？

张大光面对“一个央企为什么要自办电商平台”的问题是这样认为的，电子商务的迅猛发展已经影响到各行各业，各类企业在传统物资采购管理中暴露的弊端已显露无遗，如何将物资采购置于阳光下，并切实降低其成本支出是摆在现代企业，特别是国有大中型企业面前的紧迫任务。

过去的中航金网公司，过着签一单做一单，依靠开发费和运营费维持生计的日子，技术开发和市场推广缺少统一的规划。2009 年初，经过调研，张大光提出了“加强资源整合，争取集团政策，完善顶层规划”的建议，并且明确提出要在集团寻求明确的定位，争取成为集团信息化主力军，把自己从一个普通的电子商务解决方案提供商变成为中国航空工业全球化发展提供支撑平台的信息化支持单位。

张大光根据中航金网的主要任务是保障母公司的物资采购，他对公司的业务范围进行了再定义：着力提升电子采购平台供应链集成服务能力。这样就可以依托集团在航空产业方面优势，汇聚、整合航空产业链上的采购企业、供应商、服务商等信息资源，为平台会员提供信息、交易、物流、超市化采购、大数据分析及互联网金融等服务。

优化一流的平台建设

2013 年，中国航空工业集团公司以刀具、钛材、航空油料等 7 类物资为试点，以中航金网公司为建设运营方，启动了“中航工业电子采购平台”上线试运行。2014 年 3 月，以集团成品配套会为契机，全面启动平台试点。2014 年 6 月，为全面推进“阳光采购、集中管理”，进一步优化集团采购管理和服务模式，平台增设“采购信息备案”专区，全面收集采购信息，为进一步开展全面阳光采购、上网采购进行前期数据准备。

在张大光带领下的中航金网公司借鉴电子商务第三方平台建设经验，通过基于互联网云计算技术的电子采购平台建设，组织专业团队广泛收集航空企业采购业务和供应商销售业务实际需求，将采购方和供应商资源进行充分协调、整合，搭建了一个阳光、合规的采购交易平台。

这个平台突破了传统面对面采购模式，采购部门与供应商可在网上进行跨时空商务技术交流与洽商，采购业务处理实现异地化、远程化，采购范围全球化，可以通过互联网瞬间将询价单发送全球供应商，选择地域更大、范围更广。

2015 年 9 月，按照国资委对中央企业采购管理提升对标要求，结合集团公司全面提升采购管理水平的战略目标，中航金网启动了电子采购平台全面升级改版工作。在张大光的带领下，团队解决了前期平台采购人员上网速度慢、功能操作烦琐、企业增值服务迫切需要提高等问题，利用互联网、大数据等先进信息网络技术，出台了一系列创新措施。

优化电子采购平台网络环境，张大光认识到保障信息安全至关重要。中航金网采用的互联网云计算技术，使平台运行速度达到与主流电商一致的水平，增强平台用户使用体验；并按照国家等保三级要求，实现了平台业务信息和业务系统服务安全防护达到与银行系统同等水平。

升级改版后的中航金网不再是一个采购信息备案机构，而成了一个电子化交易平台，实现了采购范围全面覆盖企业的物资、服务、工程等采购项目。支持采购企业进行在线招标比价采购，以及按照集团采购管理要求或平台规则开展各级各类集中采购和内部市场采购；支持供应商上网服务，实现阳光公开、良性竞争。

交易平台不仅仅是物资信息的集散地，平台产生的大数据也为集团和相关企业提供了决策信息支持。利用平台形成的大数据资料为管理者决策提供了不可多得的采购决策依据。一系列措施也能防止恶意拖欠和腐败，杜绝暗箱操作等行为。

一流人才的一流团队

从成立之初到现在，中航金网目前实现钛材、航空油料、铝材等七大类共计 50 万种物资集中采购，以及 10 万元以上合同备案采购。截至 2016 年 8 月，656 家采购单位 4000 多采购人员 580 余家供应商上线，在线交易金额突破 760 亿元，其中集中采购 135 亿元，备案采购 625 亿元。以集中采购的钛材、办公计算机为例，采购成本分别降低了 8% 和 16%。截至 2016 年 7 月底，电子采购平台“差旅随行”专区的机票业务总交易金额为 4706 万元，上线注册用户 6000 余个。

一流的事业需要一流的人才。在发展战略和商业模式确定的同时，缺乏电子商务领军人才严重制约了公司业务的发展。在集团公司主要领导的支持下，张大光打破既有观念，拓展融资模式，依托电子商务项目引进风险投资者，通过市场机制聚集资源、聚集人才。

根据企业发展需求，张大光将人才需求定为两类，一类是国内 B2B 电子商务企业高端管理和开发人才；另一类是对航空工业的业务深入了解，能够帮助构建航空业务模型的行业专家。

在领军人物的引进上，中航金网引进了一批高端的 B2B 电子商务业界领袖和航空专家加盟。例如，美国麻省理工学院铁道运输和科技管理双硕士学位电子商务顶尖人才，中国社会科学院货币银行专业硕士和上海交通大学金融专业 EMBA 且具备大型交易电商经营管理与供应链金融经验的专家等都到了中航金网，还从阿里巴巴引进了平台开发技术专家，从中航工业集团主机厂引进采购管理及外贸业务专家，从埃森哲引进了供应链管理专家等。

当中航金网开始做电子商务的时候，很多人其实并不理解。不过，这些年，中航金网坚持了下来，也取得了不小的成绩。

中航金网成功的背后，离不开亦庄的支持。北京经济技术开发区的人才政策对公司引进人才帮助很大，集团的战略是融入区域经济发展圈，他们不仅融入了，而且跟开发区共同发展。作为亦庄开发区内的企业，中航金网还带动区内其他航空企业通过电子商务平台，形成集聚效应。

为培养团队，张大光多次带领业务骨干密集走访集团公司有关部门、主机厂用户、国外转包客户，反复调研和讨论行业需求和拓展策略，亲自负责每一个方案和工作计划的分析审定，电子商务团队整体业务素质得到了明显快速提升。

目前中航金网公司现已形成了一支专业的科技创新人才队伍。人员由 2008 年的 30 余人增长到 2016 年近 150 人，90% 以上具有大学本科以上学历，其中硕士以上（含博士后、MBA）超过 40%，高级工程师 12 人，海外留学归国人员 16 人。

中航金网已经开始了煤炭、粮食、建材等大宗商品贸易的详细市场调查和商业模式研究，并且取得了相关政府部门的大力支持。这些平台一旦建设成功，将为中航国际大宗贸易业务乃至整个贸易物流领域的业务转型提供极有价值的借鉴。

企业家感言

进步的空间还非常大

在迅速发展的同时也应该看到问题，而最大的问题就是在电子采购发展遇到的很多阻力，其中最主要是传统的工作思维带来的负面影响。对互联网以及电子招标投标交易的不了解、不放心、不适应、不自信以及由此不愿主动放弃传统工作方式与既得利益，从而至今依然存在亟待转变的传统思维理念和工作方式。

我们正在推进企业资源管理计划系统的优化和后续建设，推广视频会议系统，实现移动办公，同时加快大宗贸易电子商务平台的规划、建设。随着越来越多的供应商逐步适应电子采购的工作方式，我们有信心将全部供应商纳入线上交易平台。目前，中航工业集团年交易额有 4000 亿元，如果按照四分之一的采购比例算，将是 1000 亿元的市场份额，进步的空间还非常大。

张学智：

与显示屏结缘的“理工少帅”

企业家小传

张学智，1977 年出生于天津，2000 年毕业于青岛海洋大学（今中国海洋大学）物理学专业。后进入深圳富士康集团从事手机开发专案管理工作，2003 年加入北京京东方光电科技有限公司，2014 年 11 月升任北京京东方光电科技有限公司总经理，并担任公司党委书记。2016 年 4 月获北京经济技术开发区“新创工程经营管理领军人才”奖。

2015 年，张学智（中）在公司 2015 年度工作会上与同事们“签约”。

十年前，那时候的你，可能还很难想象，手机从“砖头”大哥大变成超薄触摸显示屏；

十年前，那时候的你，可能还很难想象，家中电视被高高挂起，足不出户便可体会电影院的视觉感受。

正是BOE，这个寓意为“Best On Earth”的企业——京东方，自主建设了中国大陆首条第五代TFT-LCD生产线，正式结束了中国大陆无液晶显示屏的历史，填补了国内产业空白，缔造了今天中国智能显示高速发展的神话。

在这家创造过多个“世界第一”的高新技术企业里，有着许多才华横溢而又满怀创新热情的年轻人，张学智正是这些年轻人中的一员。已近“不惑之年”的张学智，技术工程师出身，如今已经升任北京京东方光电科技有限公司的总经理。这位与显示屏结缘十余年的京东方“理工少帅”，行事一向严谨而又务实，不过，当自己的青春与京东方产生交集，其身上创新与创业的激情，竟像一匹脱了缰的野马，再也按捺不住！

自力更生闯出“世界前列”

张学智是一位土生土长的天津人。1996年，张学智考上了青岛海洋大学（现中国海洋大学），攻读物理学专业。2000年大学毕业后，张学智到了深圳富士康旗下的一家企业工作，从光纤通讯业务做起，之后又转入做品牌手机的代工业务，但他一直也没有离开一线的生产管理，在张学智看来，正是自己走出校园后在生产一线的历练，为之后的发展奠定了坚实的基础。

时光来到2003年底，工作3年的张学智面临着人生的又一次选择：是继续留在深圳，还是回到家乡。在这个节骨眼上，张学智的母亲意外摔下楼梯受伤，这让其倍感愧疚。于是，张学智毅然放弃在深圳的发展机会，回到了北方并加入了京东方。在这里从事的第一个岗位便是生产技术相关的工作，这让张学智心中暗自欢喜，因为，这正是他的兴趣所在。

当时，恰逢京东方TFT–LCD事业的筹备期，京东方在韩国收购了一家企业，公司派出了一批员工到韩国一边学习一边工作，为后期在北京建厂做准备，张学智就在这批学员当中。

尽管当时京东方已经完成了对韩国公司的收购，但是真正的核心技术并不容易掌握，面对着重重阻碍，他们的学习之路远不如想象中顺利，为了真正掌握核心技术，张学智和他的同事们面临的第一个任务就是要学习韩语，张学智回忆说，由于没有任何底子，韩语的学习远比英语要痛苦很多，而且中间还涉及大量的专业词汇，这无疑是一个巨大的挑战，即使面对这样那样的困难，张学智和他的同事们没有退缩，坚持克服一个又一个困难。

在韩国待了小半年以后，张学智调回国内，很快参与到了工厂建设当中。张学智回忆说，当时，京东方光电采用的是世界上最先进的第五代液晶屏生产线。京东方在亦庄建厂的初期，首先，设备是陌生的。这条生产线设备来自于日本、美国、德国、韩国、以色列等不同国家的不同厂家，操作界面互不相同并且从未接触过，连韩国专家也是第一次接触，当时所生产产品的生产期限是6~7天，工序流动可以达到几百次，全产线有七个足球场那么大，只有通过不断的尝试和探索，才能克服设备上的种种掣肘。其次，沟通是困难的。建设初期张学智所在的科室主要负责产品和设备的调试，整个科室有四名韩国专家和十几名的中方技术人员，配了一名翻译，有的时候，为了更好地与韩国专家交流，中方人员大多只能通过英语和肢体语言相结合进行交流。

张学智回忆说，当年在做5Mask转4Mask工艺的时候，就是将原本5个工艺流程才能完成的生产过程减少到4个工艺流程，然而这一改进的实施并不顺利，出现很多次的循环往复，真可谓一波三折，那年的年底眼看着就要过年了，测试的结果又出现了大的波动，此时，厂区的大部分同事都回家了，张学智和团队成员却依然留在会议室里继续想着办法，连夜重新分析数据并布置方案再做测试，就这样，凭着这股敢拼敢想的韧劲，终于打破了设备的瓶颈，最终实现4Mask的稳定量产。

每每谈到京东方的故事，那份深深的情感总是溢于言表。这种来自于文化、技术、设备和材料性能的各种困难，正是在很多像张学智一样的京东方人的"潜心摸索，自力更生"下，创造了一个又一个的令业内瞩目的成绩！

北京京东方光电又被称为京东方的"黄埔军校"，京东方的许多技术都发源于这里，同时京东方各条产线的专家和领军人才也多来自于这里的冶炼。

作为国内平板显示领域龙头京东方科技集团股份有限公司旗下的第一条TFT-LCD生产线，京东方光电也是中国大陆第一家完全掌握TFT-LCD全过程核心技术和工艺的本土企业。

2016年，张学智带领下的京东方光电成了全球第一家实现a-Si技术FHD（全高清）产品规模量产出货的产线，为京东方又添加了一座里程丰碑。2016年下半年他们又开始转战"TDDI"触控集成技术的量产爬坡，并已取得突破，这种使显示屏更加轻薄的技术，同样处于业内领先水平。

创新研发永葆内部竞争力

京东方在智能手机、平板电脑显示屏市场占有率连续两年全球第一，业内专利申请量全球第一，卓越成绩令业界瞩目。而这些成绩的取得都与京东方从起步起就把创新作为第一要务是分不开的。

在显示行业，不断加强创新研发才是保持企业充满竞争力的唯一路径。因此，京东方对产品研发的投入从不吝啬。一项数据显示，2014 年，京东方光电的研发投入占到营业额的 12% 左右，2015 年研发投入也近 3.5 亿元。这些研发投入，一方面用于开发新产品及技术储备，另一方面则是加快促进科技成果转化，特别是使实验室的成果运用到量产之中。

目前，京东方正在进行全面的转型突破、颠覆创新。由半导体显示技术、产品与服务提供商向物联网技术、产品与服务提供商转型。而京东方光电也在紧紧围绕集团这一战略任务，以新应用为突破，积极践行转型突破的战略方针，产品不断向多元化迈进。

建厂初期，京东方光电的产品主要是笔记本电脑、桌面显示器和平板电视用的液晶显示屏和模组，2010 年为了应对金融市场对 TFT-LCD 产业的影响，开始转战中小尺寸显示屏，在前辈领导的带领下，通过产品结构的调整，新产品的快速开发和市场开拓，成功实现转型。

如今，张学智作为总经理，面对严峻的市场环境，必须带领全体员工实现第二次市场转型，以价值创造为驱动，推动产品不断迈向多元化。转型的过程是艰辛的，困难重重，但是，张学智始终敢于创新，永不言弃，经过两年多的努力，公司的转型创新之路已卓见成效。目前公司的产品适用于手机、平板电脑、车载、航空、医疗和物联网传感器等多个领域。

可喜的是，京东方光电的本土技术人才已经全部成长起来了，核心技术也实现了本土化并且还在持续创新当中。在成绩面前，张学智不断提醒自己，除了加大创新力度之外，同日韩的其他竞争对手相比，在企业的管理尤其是精细管理方面仍需加强。因此，一定要强化产品品质，重视客户需求，不能做“傻大个”，要把事情做细做精；不仅要在技术创新和知识产权方面扩大优势，还要靠良好的产品品质和客户口碑维持自身的竞争优势；要始终以客户需求为导向，致力于为客户提供优质的产品、服务和有竞争力的价格。这样才能保证市场和客户的稳定，进而进一步提升企业自身的创新能力和市场竞争力。

在激烈的市场竞争下，张学智领导的京东方光电曾一次次咬着牙向着高端显示领域进军。张学智坦言之所以咬牙，不仅是转型的过程不易，而且是要实现突破更难，需要壮士断腕的勇气。

刚开始转型做 FHD 和 TDDI 两款高端产品时，困难重重，良率始终上不去，此时，张学智甚至不惜与团队成员押注对赌。“我们就赌能不能在两个月内实现两款产品的良率目标。”

当时现场便有人提出质疑，但更多的人则选择相信自己的团队一定能够实现目标。随后张学智带领团队组建了一支 20 余人的良率突击队。“突击队成员来自各个部门，都是部门中的精兵强将。”为了保证突击队质量，张学智设置了高门槛。在突击队成员的带动下，全厂士气极度高涨，加班加点，日夜奋战。从后期的战绩来看，张学智赌对了。因为，突击队仅仅用了一个月的时间便完成了两个月的目标，良率爬坡十分显著。正如转型之路，过程也许艰辛，但未来一定是光明的。在转型突破上，张学智从来不会畏首畏尾，他始终都在积极转型，努力跑出京东方速度！

作为公司的领导者，张学智深知自己身上肩负的责任与使命。在任职期间除了注重产品创新与模式创新，使公司保持着长期稳定增长的运营状态外，还不断加强专业人才的培养。他积极利用京东方光电搭建的个人发展平台和人才激励措施，鼓励员工们快速成长，在张学智看来，创新就是公司的新鲜血液，必须鼓励年轻人搞创新，通过相应的创新机制和专利激励制度，激发出员工身上无穷的创造力，同时为京东方光电的可持续发展贡献力量。

企业和亦庄共“成长”

从当年韩国归来，投身于京东方在北京亦庄的新厂建设至今，张学智在北京京东方光电科技有限公司任职了十三年，这十余年间，他的工作和生活的主要活动范围就在亦庄。

回想起当年京东方刚刚在亦庄开发区投资设厂的情景，张学智仍然记忆犹新。当年的亦庄，到处杂草丛生，道路虽然修得很顺畅，但交通仍然十分不便，在京东方周围，只有一趟招手即停的小 35 路公交车。不仅没有成熟的商圈，连像样的用餐地方都没有。公司需要宴请客人或者同事之间想聚餐，只能搭车到两三公里外的“小白羊”超市附近，晚上回宿舍的路上天太黑，只能远远地看着坐落于亦庄开发区的同仁医院分院，靠医院顶上的“红十字”来辨别方向。

不过，这十来年，也是亦庄开发区发展最快的时期。作为全新的开发区，亦庄开发区对入驻企业给予了充分的政策、资金等支持，还建起了很多的配套设施，帮助企业不断完善产业链条。如今，同在亦庄开发区的美国康宁公司为京东方提供所需玻璃基板，还有一大批化工厂提供生产用料。京东方在显示领域越做越大，随着更多的企业选择了入驻亦庄开发区，彼此之间形成了良好的互补。目前，京东方的设备和材料已经建立起完整的上下游的供应链，很大比例的设备及原材料已经实现了国产化。

亦庄开发区实施了一系列优惠政策，设立了科技创新专项资金，除了资金补贴，在财务政策和海关进出口方面也给予了企业极大的支持。对于人才引进方面，亦庄开发区每年都会对中央千人计划、北京市海聚工程、开发区海外高层次人才、领军人才等个人和企业给予资金和其他方面的大力支持。加快推进人才公寓和自住型商品房的建设，完善住房保障体系也是亦庄开发区每年的主要工作之一，而京东方正是亦庄开发区各种优惠政策的受惠企业。

当前，在亦庄开发区创新创业大环境下，处在转型升级和创新发展关键时期的京东方，更要充分利用亦庄开发区提供的优势资源，响应中央的号召，把创新搞上去，加快转型创新，争做高端制造企业的新典范。张学智说，转型的难点在于不断地寻求突破。从 2003 年加入京东方光电后就在不断进行"自我突破"，从生技 A 工程师、生技 A 科长到 photo 工程部部长、Module 分厂总监再到工厂长、总经理，一路走来，张学智成绩斐然，期间他参与完成了 TFT-LCD 显示领域包括 ADS 广视角、高分辨率、超薄模组等显示新技术在内的多款产品的开发和产业化。在自己百炼成钢的过程中，也与同事们一起缔造了京东方光电的卓越成绩。

企业家感言

万丈高楼平地起，打好地基是前提

这些年，随着显示产业的快速发展，京东方已成长为这个行业的佼佼者，我更是有幸成了这一伟大进程的参与者，能与京东方共成长是人生一大幸事。

在京东方，我一个最大的体会，就是“万丈高楼平地起，打好地基是前提”。从京东方在亦庄建厂以来，在集团董事长及诸位前辈领导的带领下，我们从每一张设计图纸到每一个产品，始终求真务实，坚持自主创新，力求做到最好，终于取得今天骄人的战绩。对于未来的发展之路，我相信，如果每个人都能够坚定理想信念，高标准、严要求，不断突破自我，我们一定能在自主创新的道路上越走越远，夺取新的更大胜利！

后　记

亦庄，是北京经济技术开发区崛起的地方！

作为北京市唯一同时享受国家级经济技术开发区和国家高新技术产业园区双重优惠政策的国家级经济技术开发区——北京经济技术开发区（简称：亦庄开发区，BDA），是中国优秀开发区发展的代表，它成功打造出若干高端产业集群，引领了首都实体经济的发展。这些高端产业集群背后集聚的，是包括企业家、科学家、科研人员在内的各式各样的创新创业人才。

北京经济技术开发区工委组织部是开发区人才的大管家！

北京经济技术开发区工委组织部不仅管干部，还管人才，尤其是高端产业人才。提起开发区的高端产业人才，在他们脸上透出的那种自豪感无法掩饰；提起亦庄的“千人计划”“海聚工程”“新创工程”，他们会给你讲半天停不下来。于是，就有了我们这套丛书，就是用书的形式记录下这些人才，记录下这些人才的奋斗历程，记录下亦庄是靠着什么从一个辉煌走向另一个辉煌。书是承载人类文化的，把亦庄和人才写成书，亦庄以及亦庄人才的精神就变成了一种文化。

亦庄的高端产业人才是非常能干而特别的一群人！

在这个躁动忙碌的时代，处于瞬息万变的市场、身担拓展事业的压力，亦庄的这些高端产业人才们愿意抽出时间、静下心来，聊聊他们的得意与失意，分享他们的成功与喜悦，这是对我们采写者和出版者的最大支持。通过对他们的采访，我们不仅学到了很多的东西，而且感受到北京经济技术开发区承载的激情与梦想。正是因为这群找对了地方、做对了事的优秀人才，为亦庄以及自己的人生增添了无尽的色彩，亦庄才说：“因人而亦。”

记者是创业创新与时代的记录者!

《因人而亦》每册收入19位高端产业人才，先期出版两册。在开发区高层次人才服务中心的协调下，经济日报社的6位记者用了3个月的时间从前期策划、分工、查资料、做功课，到中期采访和后期成稿，他们付出了辛勤的努力。看到他们用充满了激情的笔将人才们的人生浓缩在字里行间，将人才们的智慧折射在他们鲜活的生命中，将人才们的创业精神融入时代嬗变与个人命运交织融合的图景中，作为编者，我们先被感动了。

作为出版社，有幸参与此项重大的产业人才文化工程也是一种自豪。身为策划者、统筹者、编者和服务者，我们也在出版图书的过程中感知到亦庄的人、亦庄的事，并从这个伟大的创业创新群体身上体会到这个伟大的“智造”时代给亦庄带来了什么。如果说本书所记录企业的产品代表着“硬件”的亦庄制造，那么这套“亦麒麟高端产业人才”系列丛书则代表着“软件”的亦庄创造。

特别注明并感谢：本册图书中马宁宁、白先宏、吴小兵、魏世峰、杨启成、陈重建、赵郁、刘泳等8位人物由杜芳采写；王阳、张兴民、章华始、刘国旭、孙乐、段润润等6位人物由佘惠敏采写；胡邵京、吴汉明、曹志刚、张大光、张学智等5位人物由林火灿采写，感谢他们。同时，也感谢北京经济技术开发区在本书采编过程中给予的支持和帮助。再次感谢受访者给予的采写配合及提供的大量图片。

如有不足之处，欢迎广大读者批评指正，帮助我们将以后各册做得更好。

编 者

2017年2月6日

图书在版编目（CIP）数据

因你而亦．②／杜芳，佘惠敏，林火灿著．--北京：经济日报出版社，2017.1

（亦麒麟高端产业人才系列丛书）

ISBN 978-7-5196-0058-7

Ⅰ．①因…　Ⅱ．①杜…　②佘…　③林…　Ⅲ．①企业家-生平事迹-北京-现代　Ⅳ．①G825.38

中国版本图书馆CIP数据核字（2016）第297939号

亦麒麟高端产业人才系列丛书：因你而亦②

作　者	杜　芳　佘惠敏　林火灿
责任编辑	胡劲华
责任校对	林　珏
出版发行	经济日报出版社
地　址	北京市西城区白纸坊东街2号（邮政编码：100054）
电　话	010-63567687（编辑部）　63567692（发行部）
网　址	www.edpbook.com.cn
E-mail	edpbook@126.com
经　销	全国新华书店
印　刷	北京市凯鑫彩色印刷有限公司
开　本	710×1000 mm　1/16
印　张	15.25
字　数	190千字
版　次	2017年2月第一版
印　次	2017年2月第一次印刷
书　号	ISBN 978-7-5196-0058-7
定　价	58.00元